広告会社の
国際知識移転と再創造

International Knowledge Transfer and
Re-Creation of Japanese Advertising Agency

唐沢　龍也　著

文眞堂

はしがき

　本書は広告会社の国際的なプロジェクト組織における知識移転と再創造のプロセスを動態的に浮き彫りにすることを目的としている。近年，広告主である企業のマーケティング活動においては専門的サービス企業である広告会社を中心としたプロジェクト組織によるマーケティング活動が国境を越えて展開されている。効果的なマーケティング活動を実施するためには，プロジェクト組織において広告会社の専門的知識をいかにして国際移転し，現地で再創造するかがひとつの鍵となる。広告会社の知識とはクライアントである広告主のマーケティング活動に役立つことがその存在理由である。その専門的知識は社内のみならず，社外の協力会社や個人とのネットワーク内で共有され，時を経て変化していく。本書の貢献をひとつ挙げるならば，これまで分析対象になりにくかった広告会社の国際的なプロジェクト組織を対象にして，さまざまな関係者がネットワークを構築しながら知識移転と再創造する実態を社会ネットワーク分析や聞き取り調査の結果をテキストマイニングを用いて明らかにした点にあると考えている。

　筆者は大学卒業後約30年間，広告会社で実務に携わってきた。特に海外駐在を含む海外市場でのプロモーションに関係する業務に従事してきた。そこでは広告会社の専門的知識をいかにして国際移転し，現地で再創造するかという課題に常に向き合ってきた。広告会社では広告主対応の責任者である営業職をはじめとして，多くの専門職スタッフが協働する。しかしながら，広告会社のみで広告主が求める効果的なプロモーションを実施することはできない。外部の専門的な協力会社や専門家とのネットワークによって実現される。今後，広告会社は多種多様な事業パートナーと事業特性に応じて連携する「オープン・ネットワーク型」ビジネスを推進するようになるであろう。

　言うまでもなく広告会社を取り巻く環境は大きく変化している。『アド・エイジ（Ad Age）』・「Agency Report 2017」は全世界の広告会社の2016年度の

総収入額ランキングを発表している。注目すべきは経営コンサルティングのAccenture（アクセンチュア）の子会社であるAccenture Interactive（アクセンチュア・インタラクティブ）が2014年，2015年に続いて第6位にランキングされたことであろう。続く7位にPwC Digital Services（PwCデジタルサービシズ），第8位にIBM（アイ・ビー・エム）の子会社のIBM Interactive Experience（アイ・ビー・エム・インタラクティブ・エクスペリエンス），第9位にDeloitte（デロイト）の子会社であるDeloitte Digital（デロイト・デジタル）がランキングされている。さらにデジタル・ソリューションを提供するAlliance Data Systems（アリアンス・データ・システムズ）の子会社であるEpsilon（ユプシロン）が第12位にランキングされている。データに基づくダイレクト・マーケティングへの戦略提案からクリエイティブを一貫して提供する企業グループが伝統的な広告会社グループ（WPP・Omnicom・Publicis・Interpublic・Dentsu）に迫る成長を見せている。このような傾向は国内市場においても議論されており，同様の変化が起こることも予測される。本書の分析対象である国内第3位の広告会社アサツーディ・ケイ（ADK）が2017年10月，筆頭株主であるWPPの支配から離れて，米投資ファンドのベインキャピタルによる買収提案を受け入れた。その理由は急速に進む広告市場のデジタル化をはじめとする環境変化への対応を円滑に実施するためであるとされる。ただし，考慮しなければならないのは，欧米と日本では広告主と広告会社の取引形態は同一ではなく，日本国内では広告会社は媒体社（メディア）の代理人としての役割が依然として強い点にある。そのためか，これまで欧米の広告会社のように海外市場での広告主のマーケティング活動のパートナーとしての期待に応えてきたとは言い切れない。いずれにせよ，日本の広告会社は海外市場に成長の活路を切り拓くか，長期的には縮小する国内市場で生き延びていくかの選択を迫られるであろう。海外市場への展開は電通イージス・ネットワーク社（Dentsu Aegis Network Ltd.）のようなM&Aによる方法や自社の拠点ネットワークを有機的に拡げていく方法がある。また本書で対象にしたようなプロジェクト組織を柔軟に構成し，活用することもそのひとつである。本書で取り扱った国際的なプロジェクト組織における知識移転と再創造の動態的なプロセスの分析が，日系広告会社や専門的サービス企業のグローバル化戦略に

多少でも示唆を与えることができればと願っている。

　本書は，筆者が2017年に明治大学大学院経営学研究科に提出した博士学位論文に加筆・修正したものである。ではなぜ，実務家でありながら大学院において研究活動を行っていたのかについて説明をしたい。先に述べたように大学卒業後に広告会社に入社し，国際マーケティングの前線で仕事をしてきた。1999年から2004年まで5年間，フランスのパリで現地のエージェンシーとの合弁会社を設立し，駐在経験もした。その際の合弁相手先の経営層にMBAホルダーやINSEAD（フランスの名門経営大学院）で教鞭をとる者がいたことが大いに刺激になった。彼らの論理的思考に基づく分析力が自分に欠けていることを痛感させられたのだ。帰国後，そのような問題意識を抱えたまま，なかなか具体的な行動には移せないでいた。突然，世界を激震させた2008年のリーマンショックが背中を押してくれたと言える。時代が大きく変化している，自分自身を磨かなければ手遅れになると奮起して早稲田大学大学院商学研究科の社会人MBAコースを受験し，合格することができた。約50名の社会人大学院生が専門モジュールに分かれて指導教員から専門職学位論文の指導を受ける。筆者はグローバル・マネジメントモジュールに所属して6人のメンバーと共に川邉信雄先生（早稲田大学名誉教授）・谷口真美先生（早稲田大学商学学術院教授）のお二人からご指導をいただいた。特に川邉信雄先生からは専門職学位論文の主査として「Change（変化）」がいつ・どこで・なぜ・どのようにして起こったかを丁寧に検討するという研究の基本を学ばせていただいた。歴史的な視点とグローバルな視点の両方を意識しながら研究対象に迫ることは，研究者としての自分の基礎となっている。また専門職学位論文の副査として故太田正孝先生（早稲田大学商学学術院教授），井上達彦先生（早稲田大学商学学術院教授）からも多くの貴重なコメントをいただいた。そしてグローバル・マネジメントモジュールの仲間からのアドバイスがMBA修了後のステップである博士後期課程への進学に覚悟を与えてくれた。

　2011年3月11日，東日本大震災が発生した。早稲田大学大学院商学研究科の修了式も中止となった。1年間は暗中模索，博士後期課程への進学への意欲はあるものの具体的な方策がない状態が続く。偶然にもグローバル・マーケ

ティング研究会（通称グマ研）に参加させていただくことになり，この研究会を主宰されている明治大学経営学部の大石芳裕先生と出会った。グマ研に参加させていただくうちに，大石芳裕先生のもとで博士号取得に挑戦したい気持ちが高まっていった。明治大学リバティタワーの食堂で専門職学位論文を見ていただきながら，ご相談した時のことは忘れられない。無事に入学試験に合格し，2012年4月に明治大学大学院経営学研究科，大石芳裕先生の研究室に入ることができた。5年間在籍させていただいたが，正直なところ学会誌等に投稿した論文が査読を通過できず，掲載に至らない時期が長く続いた。ここで仕事をしながら研究をし，論文を書き上げることの難しさを思い知ることになる。大石芳裕先生からは常に厳しくも温かい励ましの言葉とともにご指導をいただいた。同じ研究室の若い仲間からも貴重なコメントをもらえる環境であったことが逆境にあっても挫けることなく続けられたのだと思う。学内紀要論文の査読や博士学位論文の副査をしていただいた歌代豊先生（明治大学経営学部教授），中西晶先生（明治大学経営学部教授）からは知識移転や知識創造を研究対象とする上で知識体系としてどうまとめるべきか，聞き取り調査の結果の分析手法などについて数々の有益なご助言をいただいた。この他にも学会報告でコメントをしていただいた先生がたのお力添えがなければ本書は存在しなかった。そして，社会人MBAから社会人博士後期課程に業務に支障がないことを条件に学ぶことを認めていただいたアサツー ディ・ケイ（ADK）の所属部門の上長や人事部門，また同じ業務を担当する同僚たちの理解と協力には感謝の言葉しかない。

　本書は広告会社の国際的なプロジェクト組織における知識移転と再創造のプロセスを動態的に分析するため具体的な事例を取り上げている。対象となったプロジェクトの広告主であるシチズン時計株式会社の竹内則夫常務取締役をはじめとするプロジェクト関係者の皆様やアサツー ディ・ケイ（ADK）とその協力会社の皆様には多忙な中にもかかわらず，このような研究の意義をお認めいただいて，聞き取り調査への協力をしていただいた。そして，研究の総括である本書の刊行にも快諾していただいた。経営学の研究には企業の寛大なご協力が不可欠である。

　本書の出版元である株式会社文眞堂編集部前野弘太様にはいろいろとご配慮

をいただき刊行することができた。現在の勤務校である関東学院大学経済経営学会においては学術的に価値が高い研究成果であると認めていただき，2018年度の出版助成を受け，本書の刊行が実現に至った。

　最後に個人的なことではあるが，2017年12月21日に父の武幸が肺腺癌のため79歳で逝去した。病床ではあったが，存命中に博士学位取得の決定を知らせることができたのはせめてもの親孝行である。本書を手にとってもらえないことは残念でならない。そして2018年3月，桜が満開の明治大学での博士学位授与式に母の輝子に大阪から上京して出席してもらえたことは生涯忘れられない出来事になった。何よりも社会人MBAから博士後期課程へと長きに渡って見守り，献身的なサポートを続けてくれた妻の由桂には心から感謝している。

　そして，かつての自分のように仕事をしながら大学院で懸命に自らを磨く人々に本書を捧げたい。

2018年11月　金沢八景キャンパスの研究室にて

唐沢　龍也

目　　次

はしがき ………………………………………………………………… *i*
図目次 …………………………………………………………………… *xii*
表目次 …………………………………………………………………… *xiv*

序章 …………………………………………………………………… *1*

第1節　問題意識と目的 ……………………………………………… *1*
　⑴　本研究の問題意識 ……………………………………………… *1*
　⑵　本研究の目的 …………………………………………………… *7*
第2節　本研究の構成 ………………………………………………… *8*

第1章　専門的サービス企業に関する既存研究 ………………… *12*

第1節　サービス産業の現状と特性 ………………………………… *12*
第2節　知識集約型の専門的サービス企業 ………………………… *19*
　⑴　専門的サービス企業におけるサービス行為 ………………… *19*
　⑵　サービス・プロセスによるサービス行為の分類 …………… *20*
第3節　広告会社の職能とサービス行為 …………………………… *22*

第2章　知識移転・知識創造に関する既存研究 ………………… *26*

第1節　国際知識移転 ………………………………………………… *26*
　⑴　実践知 …………………………………………………………… *26*
　⑵　国際知識移転 …………………………………………………… *29*
　⑶　広告会社の国際知識移転 ……………………………………… *32*
第2節　組織的知識創造 ……………………………………………… *33*

(1)　情報創造から知識創造への理論的発展 …………………………… *33*
　(2)　SECIプロセスと「場（Ba）」 ………………………………………… *36*
第3節　知識と社会的関係資本 ………………………………………………… *43*

第3章　社会ネットワークに関する既存研究 ……………………………… *47*

第1節　社会的関係資本（Social Capital）としての知識 ……………… *47*
　(1)　資源動員的な社会的関係資本 ………………………………………… *47*
　(2)　連帯的な社会的関係資本 ……………………………………………… *48*
　(3)　協同的知識と社会的関係資本 ………………………………………… *49*
第2節　社会ネットワークの構造と特性 ……………………………………… *51*
　(1)　社会ネットワーク分析 ………………………………………………… *51*
　(2)　ネットワーク・ダイナミクス ………………………………………… *52*
第3節　スモールワールドとネットワークにおける中心性 ……………… *53*
　(1)　スモールワールドについて …………………………………………… *53*
　(2)　社会ネットワークにおける中心性 …………………………………… *54*
第4節　小　括 …………………………………………………………………… *55*

第4章　分析視点 ……………………………………………………………… *57*

第1節　広告会社のサービス行為と専門的知識 …………………………… *57*
　(1)　広告会社のサービス行為の特性 ……………………………………… *57*
　(2)　広告会社の知識の特性 ………………………………………………… *58*
第2節　知識移転・知識の再創造 ……………………………………………… *59*
第3節　社会ネットワーク ……………………………………………………… *61*
　(1)　知識の共有・活用の経路としての社会ネットワーク ……………… *61*
　(2)　社会ネットワーク分析の課題 ………………………………………… *62*
第4節　分析視点と各章の関係 ………………………………………………… *62*

第5章　広告会社における知識の類型化 …………………………………… *65*

第1節　はじめに ………………………………………………………………… *65*
第2節　事例研究 ………………………………………………………………… *66*

⑴　聞き取り調査の目的 ……………………………………… *66*
　⑵　調査方法 …………………………………………………… *66*
　⑶　聞き取り調査対象者の属性 ……………………………… *67*
第3節　聞き取り調査の結果 …………………………………… *69*
　⑴　5つの職能別部門の調査結果 …………………………… *69*
　⑵　知識の獲得と共有のプロセス …………………………… *75*
　⑶　シニア・ミドル・ジュニアの階層別知識 ……………… *76*
　⑷　テキストマイニングによる頻出語の共起関係 ………… *78*
第4節　考　　察 ………………………………………………… *80*
第5節　小　　括 ………………………………………………… *82*

第6章　広告会社における国際知識移転プロセス …………… *84*

第1節　はじめに ………………………………………………… *84*
第2節　事例分析 ………………………………………………… *86*
　⑴　事例の分析枠組み ………………………………………… *86*
　⑵　日系広告会社 ADK の中国拠点 ………………………… *87*
第3節　聞き取り調査の結果 …………………………………… *88*
　⑴　日系広告会社の移転知識 ………………………………… *89*
　⑵　日系広告会社の知識移転プロセス ……………………… *92*
第4節　考　　察 ………………………………………………… *95*
第5節　小　　括 ………………………………………………… *98*

第7章　ネットワークにおける専門的知識の国際移転 ……… *100*

第1節　はじめに ………………………………………………… *100*
第2節　事例分析 ………………………………………………… *102*
　⑴　事例の概要 ………………………………………………… *102*
　⑵　社会ネットワーク分析 …………………………………… *102*
　⑶　テキストマイニングと聞き取り調査 …………………… *105*
第3節　考　　察 ………………………………………………… *105*
　⑴　近接中心性について ……………………………………… *105*

(2) 平均経路長および平均クラスター係数 ……………………… *108*
　　(3) テキストマイニングによるキーワードの抽出 ……………… *109*
　　(4) 聞き取り調査 ………………………………………………… *111*
　　(5) 国際見本市出展プロジェクトにおける知識の共有プロセス …… *114*
　第4節　小　　括 …………………………………………………… *116*

第8章　専門的知識の国際移転における広告会社の役割 ………… *119*

　第1節　はじめに …………………………………………………… *119*
　第2節　事例分析 …………………………………………………… *120*
　　(1) ミラノ・サローネ出展プロジェクト組織 …………………… *120*
　　(2) 事例分析の方法 ……………………………………………… *121*
　第3節　考　　察 …………………………………………………… *124*
　　(1) 本プロジェクト組織のネットワーク分析 …………………… *124*
　　(2) テキストマイニングによる分析 …………………………… *128*
　　(3) 聞き取り調査 ………………………………………………… *130*
　第4節　小　　括 …………………………………………………… *131*

第9章　広告会社における国際知識移転と再創造 ………………… *133*

　第1節　はじめに …………………………………………………… *133*
　第2節　事例分析 …………………………………………………… *134*
　　(1) 事例分析の枠組み …………………………………………… *134*
　　(2) ミラノ・サローネの概要 …………………………………… *135*
　　(3) 連続的なプロジェクト組織 ………………………………… *135*
　第3節　考　　察 …………………………………………………… *138*
　　(1) 知識のパッケージ化 ………………………………………… *138*
　　(2) 知識の再創造 ………………………………………………… *140*
　　(3) 2016年のミラノ・サローネの出展プロジェクトの成果 ……… *145*
　　(4) プロジェクト組織における知識の再創造のプロセス ……… *146*
　第4節　小　　括 …………………………………………………… *148*

終章 ………………………………………………………………………… *150*

　第1節　結　　論 ……………………………………………………… *150*
　　⑴　専門的サービス業である広告会社の知識特性 ……………… *150*
　　⑵　国際知識移転・知識の再創造と社会ネットワーク ………… *157*
　第2節　本書の意義 …………………………………………………… *164*
　　⑴　学術的な意義 …………………………………………………… *164*
　　⑵　実務的な意義 …………………………………………………… *166*
　第3節　今後の研究課題 ……………………………………………… *167*

引用参考文献………………………………………………………………… *170*
索引…………………………………………………………………………… *180*

図 目 次

図序-1	本研究の構成見取り図	10
図1-1	国連貿易開発会議（UNCTAD）によるクリエイティブ産業の定義	15
図1-2	総合商社の動態的な国際化プロセス	18
図1-3	専門的サービス企業のサービス提供の領域	19
図1-4	サービス行為と顧客コンタクトのレベル	22
図1-5	広告会社における部門別職能	24
図2-1	時系列・段階的な技術移転と形成の概念図	30
図2-2	4つのステージからなる知識移転のプロセス	31
図2-3	知識移転の潜在的変数の構成	32
図2-4	SECIプロセスによる組織的知識創造（個人・集団・組織の自己超越）	36
図2-5	暗黙知と形式知の相互作用の連続性の問題	38
図2-6	組織的知識創造における「場（Ba）」	38
図2-7	ローカル・ナレッジのグローバル化	39
図2-8	2つのネットワークタイプ	44
図3-1	社会ネットワークにおける内部知識と外部の知識リソース	50
図4-1	マニュアル型知識と非マニュアル型知識の移転	59
図4-2	知識移転と再創造のプロセス	60
図4-3	本研究の各章と分析テーマ・方法について（実証編）	64
図5-1	聞き取り調査における頻出語の共起関係図	80
図5-2	専門的サービス業である広告会社における知識の類型化	82
図6-1	主要5ヶ国の広告市場規模（単位：億円）	85
図6-2	知識移転プロセスの概念図	86
図6-3	資生堂中国（TSUBAKI）の事例における知識移転プロセス	96
図7-1	出展プロジェクト（2016）における近接中心性（平均値）の推移	106
図7-2	出展プロジェクト（2016）における平均経路長（PL）および平均クラスター係数（CC）の推移	109
図7-3	出展プロジェクト（2016）フェーズ（P）3におけるネットワーク	115
図7-4	出展プロジェクト（2016）フェーズ（P）5におけるネットワーク	116
図7-5	ネットワーク構造の特性と知識共有・活用プロセス	117

図 8-1　ネットワーク分析による媒介中心性（平均値）の推移 ……………… *125*
図 8-2　ネットワーク分析による平均経路長および平均クラスター係数の推移
　　　　……………………………………………………………………………… *127*
図 8-3　出展プロジェクトにおけるフェーズ（P）6のネットワーク構造 …… *128*
図 8-4　フェーズ（P）6におけるキーワード（頻出名詞）の共起関係図 …… *130*
図 9-1　パッケージ化された知識と再創造された知識の関係① ……………… *142*
図 9-2　パッケージ化された知識と再創造された知識の関係② ……………… *142*
図 9-3　パッケージ化された知識と再創造された知識の関係③ ……………… *143*
図 9-4　ミラノ・サローネ出展プロジェクトの一般来場者数の比較 ………… *145*
図終-1　広告会社の知識特性とサービス行為 …………………………………… *155*
図終-2　国際知識移転のプロセスと社会ネットワーク………………………… *158*
図終-3　国際的なイベント（MWC）の事例における知識移転のプロセスと
　　　　社会ネットワーク ………………………………………………………… *160*
図終-4　国際的なイベント（ミラノ・サローネ）の事例における知識移転の
　　　　プロセスと社会ネットワーク …………………………………………… *162*
図終-5　連続的に実施された国際的なイベント（ミラノ・サローネ）の
　　　　事例における専門的知識の移転と再創造のプロセスと社会
　　　　ネットワーク………………………………………………………………… *163*

表 目 次

表序-1	価値主導の「マーケティング3.0」への変化	2
表序-2	日系広告会社の総売上高に占める海外売上高の推移	4
表 1-1	日本のサービス産業(対GDP比率)の推移	13
表 1-2	各国のサービス産業(対GDP比率)の推移	13
表 1-3	日本標準産業分類におけるサービス産業	14
表 1-4	広告会社の海外進出の動機要因	16
表 1-5	サービス企業の参入動機と類別	17
表 2-1	暗黙知と形式知の特性	27
表 2-2	知識集約型企業の暗黙知と形式知	27
表 2-3	組織的知識創造の10の命題	35
表 2-4	1980年代の組織的知識創造理論に関する主要な論文・著作	41
表 2-5	1990年代の組織的知識創造理論に関する主要な論文・著作	42
表 2-6	2000年代の組織的知識創造理論に関する主要な論文・著作	43
表 5-1	調査協力者の属性	68
表 5-2	聞き取り調査における頻出語(名詞・動詞・形容詞・副詞)	78
表 6-1	資生堂中国の業務に関する聞き取り調査対象者	88
表 6-2	資生堂中国(TSUBAKI)の事例における広告会社の移転知識と移転方法	97
表 7-1	出展プロジェクト(2016)における対象期間,対面会議等の頻度およびノード数	103
表 7-2	出展プロジェクト(2016)における各ノードの属性	104
表 7-3	出展プロジェクト(2016)における各フェーズにおける近接中心性の上位ノード	107
表 7-4	テキストマイニングによって抽出されたキーワード(名詞・動詞)	110
表 7-5	出展プロジェクト(2016)における聞き取り調査協力者の属性	112
表 8-1	ミラノ・サローネ出展プロジェクト組織のノードの属性	122
表 8-2	(例)フェーズ(P)1におけるノード間のソシオマトリックス	123
表 8-3	出展プロジェクトにおける媒介中心性上位ノード	126
表 8-4	各フェーズ(P)における頻出名詞の共起関係による文脈解釈	129

表 9-1	2014年のミラノ・サローネ出展プロジェクト組織の関係者 ……………	*136*
表 9-2	2016年のミラノ・サローネ出展プロジェクト組織の関係者 ……………	*137*
表 9-3	パッケージ化された知識の内容と暗黙知と形式知の分類 ……………	*139*
表 9-4	旧組織から新組織への連続的な知識の移転(適用)と再創造(適応) ………………………………………………………………………………	*147*
表終-1	本書における広告会社の知識体系 ………………………………………	*156*

序章

第1節　問題意識と目的

(1) 本研究の問題意識

　本研究の背景には，マーケティング環境の変化とそれに伴うサービス業の国際化・グローバル化の問題がある。まず，マーケティング環境の変化について説明する。企業が市場へアプローチする方法としてはマーケティング・ミックス（4P）として知られる製品（Product）・価格（Price）・流通（Place）・プロモーション（Promotion）がある[1]。近年，情報通信技術の発達により，インターネットやソーシャル・ネットワークサービス（SNS）が企業と顧客をつなげるようになりマーケティング環境が大きく変化した。それはKotler, Kartajaya and Setiawan（2010）が提唱する「マーケティング3.0」に見られるような消費者の精神に訴えるマーケティングへの変化である。

　表序-1に示されるようにKotler, Kartajaya and Setiawan（2010）は，製品中心の「マーケティング1.0」から，消費者主導の「マーケティング2.0」へと移行し，価値主導の「マーケティング3.0」への進化を提唱した。単純に製品を販売したり，顧客満足を高めたり「マーケティング3.0」に影響を与える要因を「参加の時代」，「グローバル化の時代」，「クリエイティブ社会の時代」とし，企業は消費者のニーズに対して，より高い精神的な次元において価値提供すべきであると指摘した。すなわち「マーケティング3.0」では企業とステークホルダー（消費者・社員・パートナー・株主）の関係をいかに構築するかが課題であり，そのためには企業と消費者が価値共有するためのプロモーションが鍵となる。価値主導のマーケティング環境への変化は，これまで以上にプロモーションの専門的知識の重要性を高める[2]。

　Yip（1992）は4Pに基づいて，マーケティングの構成要素として「製品」・「ポジショニング」・「ブランドネーム」・「絶対評価の価格政策」・「相対評価の

表序-1　価値主導の「マーケティング 3.0」への変化

	マーケティング 1.0	マーケティング 2.0	マーケティング 3.0
	製品中心の マーケティング	消費者志向 マーケティング	価値主導の マーケティング
目的	製品を販売すること	消費者を満足させ， つなぎとめること	世界をよりよい場所に すること
可能にした力	産業革命	情報技術	ニューウェーブの技術
市場に対する企業の見方	物質的ニーズをもった マス購買者	マインドとハートを もつ，より洗練された 消費者	マインドとハートと 精神を持つ全人的存在
主なマーケティング・ コンセプト	製品販売	差別化	価値
企業のマーケティング・ ガイドライン	製品の説明（仕様）	企業と製品の ポジショニング	企業のミッション・ ビジョン・バリュー
価値提案	機能的価値	機能的・感情的価値	機能的・感情的・ 精神的価値
消費者との交流	1 対多数の取引	1 対 1 の関係	多数対多数の協働

出所：Kotler, Kartajaya and Setiawan (2010), p.6 および恩蔵監訳・藤井訳 (2010)，19 ページを参照して筆者作成。

価格政策」・「広告戦略」・「広告実施」・「広告メディア」・「販売促進」・「販売手段」・「販売要員」・「流通」・「顧客サービス」を挙げている[3]。「広告戦略」・「広告実施」・「広告メディア」・「販売促進」は広告主と広告会社，媒体社（テレビ局・新聞社・雑誌社・ラジオ局ほか），専門的な外部の協力会社（制作プロダクション・PR 会社・デザイン会社など）の組織的な枠組みを越えた社会ネットワークによって実現される。この社会ネットワークにおいて中心的な役割を担うのが，専門的サービス企業の広告会社である。

次にサービス業の国際化・グローバル化の問題について説明する。1990 年代後半からのグローバル経済の進展による複雑化した市場環境において企業はマーケティング活動を行う必要に迫られている。多くの日本企業は飽和する国内から海外市場に活路を求めており，グローバル化が重要な経営課題となって久しい。自動車やエレクトロニクス，化粧品などの日本企業はグローバル化を推進し，総売上高に占める海外売上高の比率を高めている。2015 年度の代表的な日本企業各社の海外売上高の比率はキヤノンが 81.2%，本田技研が 71.8%，資生堂が 61.1%，東芝が 59.2%，パナソニックが 52.3%，トヨタ自動

車が 48.0％ となっている[4]。これらの数値は日本企業にとって，海外市場がいかに重要であるかを示している。製造業を中心とした国際化，グローバル化のみならずサービス業の国境を越えた展開についても言及されるようになった。その背景にはサービス産業（第3次産業）の対 GDP 比率が先進国（日・米・欧）では 70％ を越える規模になっており，土井（2008）が指摘するように「世界経済のサービス化」はサービス企業の国際展開を促進する。しかしながら，製造業と比較するとサービス業の国際化，グローバル化は容易ではない。

日本のサービス業（非製造業）の国際競争力に関して吉原（2008）は以下の4つの問題を指摘した[5]。

① 対象市場が邦人市場の取り扱いに終始する（労働集約的で撤退も容易である）

② 世界戦略の甘さ（経営トップの夢や冒険心を優先し，準備不足で中途半端に終わる）

③ 政府の規制による保護（外資の参入が少ない国内市場と国際競争の経験不足）

④ 経営ノウハウや技術の蓄積不足（ネットワークを活かして無形資産を国際移転するようなシステムを構築できていない）

「世界経済のサービス化」はサービス企業の国際展開を促進するとされるが，上記① ～④ のような課題も多い。特にマーケティング環境の変化と世界経済のサービス化の両方において問題であるのは，吉原（2008）が指摘した④ 経営ノウハウや技術の蓄積不足（ネットワークを活かして無形資産を国際移転するようなシステムを構築できていない）という点である。

日本企業が国境を越えてマーケティングを展開する際に，現地の消費者との価値共有が必要となる。そのために不可欠なプロモーションを実現するためには，中心的な役割を担う広告会社の専門的知識をいかにして国際移転し，現地で再創造するかが重要になる。そこで，問題となるのが日系広告会社のグローバル化の状況である。表序 –2 は日系広告会社の総売上高に占める海外売上高の比率の推移を示している。

日系広告会社で売上高が第 1 位の電通は，2013 年 3 月に英国の広告会社イージスグループ（Aegis Group plc）を買収したことにより，総売上高および海

表序-2 日系広告会社の総売上高に占める海外売上高の推移

(百万円)

電通	2010年	2011年	2012年	2013年	2014年	2015年
総売上高	1,833,449	1,893,055	1,941,233	4,177,278	4,642,390	4,513,955
国内	1,627,918	1,628,110	1,647,018	1,764,018	1,798,523	1,369,732
海外	205,530	264,945	294,205	2,426,584	2,869,699	3,156,328
海外売上高比率	11.2%	14.0%	15.2%	58.1%	61.8%	69.9%
博報堂DY	2010年	2011年	2012年	2013年	2014年	2015年
総売上高	936,476	978,321	1,045,431	1,095,909	1,131,064	1,215,250
国内	905,746	940,406	1,009,072	1,051,672	1,069,353	1,136,247
海外	30,730	37,915	36,359	44,237	61,711	79,003
海外売上高比率	3.3%	3.9%	3.5%	4.0%	5.5%	6.5%
アサツー ディ・ケイ	2010年	2011年	2012年	2013年	2014年	2015年
総売上高	346,565	347,111	350,822	342,786	352,984	351,956
国内	322,999	321,425	323,458	313,306	323,333	319,224
海外	23,566	25,686	27,364	29,480	29,651	32,732
海外売上高比率	6.8%	7.4%	7.8%	8.6%	8.4%	9.3%

注：電通グループは2013年3月26日付けでイージスグループ（Aegis Group plc）の買収に伴い Dentsu Aegis Network Ltd.（電通イージス・ネットワーク社）に商号変更した。博報堂DYは，2003年10月に博報堂と大広，読売広告社が経営統合し，発足した共同持ち株会社である。
出所：各社各年度の有価証券報告書に基づき筆者作成。

外売上高が2013年度から50％以上と大幅に増加している。しかしながら，第2位の博報堂DYホールディングス（以下，博報堂DY），第3位のアサツーディ・ケイ（以下，ADK）の海外売上高比率は増加しているが10％を越える水準には達していない。代表的な日本企業のグローバル化と比較すると，電通を除く日系広告会社のグローバル化が同レベルにあるとは言いがたい。

吉原（2008）が指摘したこれらの4つの課題を日系広告会社のグローバル化に当てはめて検討してみる。まず①「邦人市場の取り扱いに終始する（労働集約的で撤退も容易である）」に関しては，日系広告会社の「強み」は日本人同士のリレーションシップ主体のサービスである。しかしながら，現地スタッフによるマネジメントが成熟するにしたがって，プロモーション戦略の立案や実行のパートナーに選択される理由が希薄になっていく。日系広告会社にはこ

のような現実に対する危機感はあっても，広告主の現地人マネジメントに対応する広告会社側の現地人マネジメント育成が十分ではない。次に，②に示されている「世界戦略の甘さ（経営トップの夢や冒険心を優先し，準備不足で中途半端に終わる）」に関しては，これまで国内広告市場が米国に次ぐ世界第2位の規模であり，海外市場開拓の必要性に迫られなかったことが影響している[6]。それゆえに国際的なビジネス感覚をもつ人材の育成にも積極的でなかった。人的資源を国内市場に集中的に配分し，海外市場に対して知見を持つ社員を育成してこなかったことはグローバル化の阻害要因のひとつである。

③の「政府の規制による保護（外資の参入が少ない国内市場と国際競争の経験不足）」に関しては，日本の広告ビジネスが信用取引を基本にした商習慣により保護されているとことが影響している。直接的な法律による規制ではないが，マスメディアの広告スペースの発注や購入が限られた広告会社との口座制による信用取引に限定されていることは，間接的に日本の商習慣の特性がグローバル化を阻害する要因であることを示している。さらに，国内市場では広告会社は同業種複数広告主を扱う「マルチ・クライアント」制度が認められている。しかしながら，海外市場では1業種1広告主のアカウント・エグゼクティブ制度が適用されている。そのため，日系広告会社は海外市場において1業種1広告主のアカウント・エグゼクティブ制度を適用しようとすると，同一国内において同業種の広告主を扱う場合には複数の拠点を設置しなければならない。そのような非効率的なグローバル化に対して本腰をいれられない状態が長く続いたのである[7]。

④の「経営ノウハウや技術の蓄積不足（ネットワークを活かして無形資産を国際移転するようなシステムを構築できていない）」に関しては，日系広告会社が広告主のグローバル・レベルでのコミュニケーションの戦略パートナーになり得ているかという問題がある。例えば，シェル石油やユニ・リーバに対してはオグルビー＆メイザー（英国）のネットワークが担当し，ロレアルやネスレに対してはマッキャン・エリクソン（米国）のネットワークが全世界のプロモーションを担当するなど，欧米の広告会社ではグローバル・プロモーション戦略のパートナーとしてのネットワークが構築されている。歴史的にも欧米の広告会社は，広告主のために国内市場でのマーケティング手法や知識を海外

市場に移転するためにグローバル化を進めてきたのである[8]。広告主の進出国には必ず広告会社の現地オフィスを開くというようなグローバル規模での契約に基づいてサービスを提供するビジネス形態が，日系広告会社と広告主の間には成立していない。したがって，日系広告会社のグローバル化はパッチワーク的展開にならざるを得ない。これでは，国際経営のノウハウ（知識）を蓄積することは難しい環境下にある。Grant（1996）をはじめとする多くの研究者が言及しているが，競争優位獲得の源泉のひとつである知識を組織として共有・活用することを重要な経営課題に位置づけ，仕組みづくりをせねばならない[9]。言い換えればNonaka and Toyama（2003）が指摘するように，既存の製品，部門，組織，市場を超えた知識共有化の促進と知識創造の必要性を認識することである。それはLeonard（1995, 2005）が指摘している企業はより開かれた外部知識の導入と吸収を行わねばならないことであり，Lin（2001）が強調するように，個人や組織が社会ネットワークにアクセスして効率的に知識を共有・活用することで実現される。唐沢（2014）は日系広告会社も国内で創造した専門的知識を海外市場へと移転し，専門的知識が「適用（そのまま活用）」するか「適応（現地に合わせて修正）」するかを選択しながら，広告主へのサービス提供のために活用されていることを示した。

　市場を超えた知識共有と知識創造を目的とする広告会社の国際化・グローバル化には大別すると2つの戦略がある。第1の戦略は海外の事業会社やネットワークそのものを獲得するM&A戦略である。欧米の大手広告会社グループや電通イージス・ネットワーク社は積極的に，このM&A戦略を展開している。第2の戦略は自社の拠点を海外に設立して自前のネットワークを積み上げていく有機的な国際化・グローバル化戦略である。M&A戦略ではない自社の拠点を海外に設立したり，プロジェクト対応の社会ネットワークを構築したりするような国際化・グローバル化戦略によって，広告主へのサービスの充実を実現するものである。

　知識がどこで再創造されるのかという問題に関しては，野中・遠山・紺野（1999）によって知識創造における「場（Ba）」の概念が提唱された。知識を適時適所で活用するための「場（Ba）」には，直面する問題の状況において文脈を読み取り，暗黙知や形式知を状況に応じて活用できる知識体系と仕組みが

求められるとしている。さらに Nonaka and Von Krogh（2009）は知識創造における分析単位は業務に関わるプロジェクトチームを対象とすべきであるとしている。

本研究はプロジェクト組織における社会ネットワーク構築による専門知識の国際移転や知識の再創造の事例を中心に取り上げる。問題となるのは，広告主へのサービス提供のために専門的知識がどのように活用されるかということである。次節では本研究の目的について述べる。

(2) 本研究の目的

本研究の目的はマーケティング環境の変化と世界経済のサービス化において，企業と消費者をつなぐプロモーションの役割の重要性に着目し，無形資産である専門的知識を国際移転し，再創造することが実現されるかに関して社会ネットワークの役割という観点から明らかにすることである。これまで国際知識移転に関しては，製造業の技術移転を中心に数多くの研究がなされてきた。近年ではサービス業に関しても，小売業の国際化に伴う知識移転の研究が多くみられる。しかしながら，本研究のような専門的サービス企業の知識移転や知識の再創造という視点で，実際のプロジェクト組織を対象にした研究は極めて少ない。そこで専門的サービス企業である広告会社を中心に構成されるプロジェクト組織に参加する個人が，協同作業を通してどのように知識移転したり，再創造したりするのかを社会ネットワーク分析を使い動態的に提示する。さらにパッケージ化される知識と知識の再創造の関係についても明らかにする。

このような研究が必要な理由は，Argote 他（2000）によると「組織的に蓄積された知識をあるユニットから他のユニットへ効果的に移転できることが生産性を高め，知識移転ができない組織よりも持続する」という指摘からもベストプラクティスの共有をはじめとする知識移転や知識の再創造が重要な課題になることが挙げられる。

学術的な目的としては，知識移転と知識創造に関する理論的枠組みを援用し，国際的なプロジェクト組織における知識移転と再創造のプロセスを動態的に浮き彫りにすることである。また，実務的な目的としては，企業が国際競争

力を向上させるために情報や知識といった無形資産の活用をどのようなプロセスで展開しているのかを明らかにすることである。具体的にどのような専門的知識が必要とされ，状況に適応して再創造されたかを示すことは，今後の国境を越えるマーケティング活動におけるプロジェクト・マネジメントに示唆を与えることが可能である。

第2節　本研究の構成

　本研究は全11章で構成されている（図序-1，参照）。序章では，本研究の問題意識を明らかにし，研究対象である日系広告会社の国際知識移転と知識創造が必要となる背景について説明する。本研究の範囲として広告会社の本社と海外現地拠点（中国）や海外イベントのプロジェクト組織における社会ネットワークを対象としている点を説明する。

　第1章では，本研究に関連する以下の先行研究のサーベイを行う。まず，Lovelock and Wright（1999）やLovelock and Wirtz（2011）によるサービス産業の特性に関する議論を踏まえ，Maister（1993）による専門的サービス企業（Professional Service Firm）の課題について検討する。本研究の分析対象である広告会社も専門的サービス企業（Professional Service Firm）のひとつであり，知識集約型企業（Knowledge-Intensive Firm）でもある。Hargadon（1998）や西井（2013）の知識仲介者（Knowledge Broker）の概念を参照し，専門的サービス業としての広告会社の知識特性を規定する枠組みについて検討する。

　第2章では，まず知識に関する先行研究をレビューする。Davenport and Prusak（2000）やDixon（2003），楠見（2012）のように知識を実務レベルで捉える研究を踏まえて，専門的サービス企業における知識の捉え方について検討する。知識を実務レベルでとらえる研究に共通しているのは，知識を行為とのセットとしてとらえるアプローチが有効であり，仕事の経験やオペレーション現場の知としてとらえることを重視している点にある。

　続いて国際移転プロセスおよび知識創造に関する先行研究について記述す

る。Kogut and Zander（1992）は個人・グループ・組織・ネットワークという移転のモジュール（単位）を示した。ここに知識が個人から組織へと共有されていく道筋が示されている。野中・紺野（1999）によって提唱された組織的知識創造理論の中心的な概念である SECI モデルでも個人・グループ・組織における暗黙知と形式知の相互作用が知識創造を実現することが主張されている。野中・紺野（1999）よる SECI モデルは Lin（2001）が指摘する個人の行為者が社会ネットワークを通じて知識などの資源にアクセスして，知識を移転・再創造するプロセスと通底している。社会ネットワークは社会構造に埋め込まれた経営資源である情報や知識などの「社会的関係資本（Social Capital）」へアクセスするための経路として研究されてきたことを示す[10]。

続く第 3 章では社会的関係資本としての社会ネットワークの構造と特性の先行研究についてレビューを行う。研究手法のひとつであるネットワーク構造の変化を動態的に捉える概念であるネットワーク・ダイナミクスについての研究を参照し，社会ネットワーク分析が抱える課題について検討する。

第 4 章では，これらの先行研究を踏まえて広告会社が知識の国際移転や再創造によって，どのように広告主の課題解決に対応しているのか，国境を越えるプロジェクト組織による社会ネットワークが専門的知識の移転や再創造にいかなる役割を果たすのかということを明らかにするための分析視点を示す。

実証編となる第 5 章では，日系広告会社 ADK における実務に携わる対象者への聞き取り調査から専門的サービス業である広告会社の知識について考察し，類型化する。

第 6 章では，ADK による資生堂業務の事例研究による本社と中国拠点間の国際知識移転プロセスを明らかにする。広告主へのサービスを目的とした広告会社の移転知識の特性および効果的な知識移転プロセスについて提示する。

第 7 章では，スペイン・バルセロナで開催された国際見本市（MWC：Mobile World Congress）出展プロジェクトにおける社会ネットワークを知識の共有と活用を行うための経路として捉えて，その知識の共有と活用プロセスについて明らかにする。専門家を顧客とする企業間取引（B to B）の国際見本市の性質上，前回の問題点を改善するための専門的知識を活用する社会ネットワークの特性を示す。

図序-1 本研究の構成見取り図

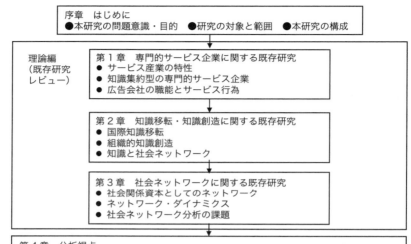

出所：筆者作成。

第8章では，国境を越えて展開されるプロジェクトが増えるなか，イタリア・ミラノで開催されたデザインイベントの出展プロジェクト組織における広告会社の役割を明らかにする。ADKを中心として構築された社会ネットワークを動態的に分析する。企業対消費者（B to C）のプロモーションにおける専門的知識の活用をするための社会ネットワークの特性を示す。

　第9章では，第8章において事例として取り上げた出展プロジェクト組織が協同作業を通してどのように知識を新たに創造し，それを連続するプロジェクト組織に活用していくのかについて考察する。企業対消費者（B to C）のプロジェクト組織による連続的な知識の再創造のプロセスについて具体的な事例を示す。

　終章では，本研究の結論を述べる。事例研究から得られた発見事実，学術的，実務的なインプリケーションをまとめる。本研究の限界，今後の研究課題について記述する。

注

1　McCarthy（1960）が提唱した概念であり，現在でもマーケティングの基本的な概念として使用されている。
2　専門的知識とはGupta and Govindarajan（1991）によるとスキルやケイパビリティ，外部市場データ，スキルや製品，プロセス，パッケージなどのデザイン能力，顧客や競合他社，仕入れ先に関する戦略的価値をもつ情報であると定義される。
3　Yip（1992），pp.144-146，浅野訳（1995），194-195ページ。
4　本田技研工業，トヨタ自動車，資生堂，東芝については2015年度有価証券報告書を参照した。キヤノン，パナソニックについては2015年度決算短信を参照した。
5　吉原英樹（2008），250-251ページ。
6　2014年の電通アニュアル・レポートによると2013年度における世界の総広告市場規模は5280億4500万ドルとされる。2013年の日本の広告費は，前年比1.4％増の5兆9762億円であり，第1位の米国，第2位の中国に次ぐ第3位の広告市場規模になっている。
7　今井雅和（2010）「広告会社のアジア戦略と知識移転」『産業研究』高崎経済大学附属産業研究所45（2）（通号73），33ページ。
8　West（1987）はJWTにとって海外事業は重要な経営戦略であったことを指摘し，1920年代からJWT（J. ウオルター・トンプソン）がゼネラル・モータースと契約を結び海外拠点を拡大したことを指摘している。
9　Grant（1996）の他にも野中・紺野（1999），Argote et al.（2000），Teece（2011）が知識を競争優位の源泉として重視している。
10　Baker（1990, 2000），Burt（1995, 2004），Lin（1999），Adler and Kwon（2002）などがある。

第1章
専門的サービス企業に関する既存研究

第1節　サービス産業の現状と特性

　本書が研究対象とする広告会社はサービス産業に属している。そこで，サービス産業に関する既存研究に関してレビューをおこなう。

　サービス産業は Zeithaml et al. (1985) によると① 無形性（Intangibility），② 非貯蔵性（Non-Storability），③ 輸送不可能性（Non-Transportability），④ 生産と消費の同時性（Simultaneity of Production and Consumption），⑤ 生産者と消費者の近接性（Proximity between the Producer and Consumer）の特性があると定義される。土井（2008）はこれらの特性が独立して存在するのではなく，相互に関係しながら併存していると指摘した。

　経済産業省によるとサービス産業は日本の GDP（国民総生産）の約 70％，雇用ベースの従業員数で約 75％を占め，日本経済において大きなウエイトを有するとされる[1]。サービス産業とは第1次産業・第2次産業以外を示す第3次産業を示す場合があり，非常に広い業種を含む場合がある。日本のサービス産業の現状に関して，内閣府がまとめた 2014 年度の産業別 GDP の主要計数によるとサービス産業（第3次産業）の対 GDP 比率は 74.1％である。表 1-1 は 2010 年からの5年間のサービス産業別比率の推移を示している。

　このようなサービス産業の対 GDP 比率が高まる傾向に関して，土井（2008）は「世界経済のサービス化」として，主要な先進国だけでなく東アジア各国でも進展していると指摘した。この傾向は世界銀行が発表している各国別のサービス産業（第3次産業）の対 GDP 比率の推移からも読み取ることができる[2]（参照，表 1-2）。

　「世界経済のサービス化」は同時にサービス業の国際化が促進する。そして，

表1-1　日本のサービス産業（対GDP比率）の推移

(%)

	2010年	2011年	2012年	2013年	2014年
電気・ガス・水道業	2.3	1.8	1.7	1.7	2.0
卸売・小売業	13.8	14.3	14.4	14.4	14.2
金融・保険業	5.0	4.8	4.6	4.5	4.4
不動産業	11.9	12.1	12.0	11.9	11.7
運輸業	4.9	4.9	5.0	4.9	5.1
情報通信業	5.4	5.5	5.5	5.5	5.5
サービス業	19.1	19.4	19.7	19.8	19.8
政府サービス生産者	9.2	9.4	9.2	9.1	9.1
対家計民間非営利サービス生産者	2.1	2.3	2.4	2.3	2.3
合計	73.7	74.5	74.5	74.1	74.1

出所：内閣府確報主要計数（生産産業別GDP）を参照し、筆者作成。

表1-2　各国のサービス産業（対GDP比率）の推移

(%)

	2010年	2011年	2012年	2013年	2014年
イギリス	78.5	78.3	78.6	78.0	78.4
アメリカ	78.4	78.0	78.2	77.9	78.0
ユーロ圏	73.4	73.3	73.6	73.8	74.0
日本	71.3	72.7	72.8	72.4	72.0
韓国	59.3	59.1	59.5	59.3	59.6
インド	54.6	49.0	50.0	50.9	52.6
マレーシア	49.4	48.7	50.1	51.0	51.2
中国	44.2	44.3	45.5	46.9	48.1
インドネシア	40.7	40.6	40.9	41.5	42.3

出所：世界銀行（サービ産業対GDP比率）を参照し、筆者作成。

　企業が国境を越えてマーケティングを展開する際に中心になる専門的サービス企業とされる広告会社であるがサービス産業においてどのように位置づけられるかについて述べる。

　2013年に改訂された総務省の統計基準・統計分類である日本標準産業分類においてサービス産業は大分類のF－電気ガス熱供給・水道業からT－分類不

表1-3 日本標準産業分類におけるサービス産業

A	農業,林業	第1次産業
B	漁業	
C	鉱業,採石業,砂利採取業	第2次産業
D	建設業	
E	製造業	
F	電気・ガス・熱供給・水道業	第3次産業
G	情報通信業	
H	運輸業,郵便業	
I	卸売業,小売業	
J	金融業,保険業	
K	不動産業,物品賃貸業	
L	学術研究,専門・技術サービス業	
M	宿泊業,飲食サービス業	
N	生活関連サービス業,娯楽業	
O	教育,学習支援業	
P	医療,福祉	
Q	複合サービス事業	
R	サービス業(他に分類されないもの)	
S	公務(他に分類されるものを除く)	
T	分類不能の産業	

出所:総務省日本標準産業分類(平成25年10月改定)を参照し,筆者作成。

能の産業までがその対象とされる(表1-3,参照)。この日本標準産業分類では本研究の対象である広告会社は広告業として,大分類のL-の学術研究,専門・技術サービスに属している[3]。

国連貿易開発会議(UNCTAD)は"CREATIVE ECONOMY REPORT 2010"において,芸術文化活動や創作活動,無形サービス,イベント,観光などを含む「クリエイティブ産業」により構成される「クリエイティブ経済(Creative Economy)」という概念を提唱し,グローバル化する世界経済において成長を促す原動力になると位置づけている。国連貿易開発会議(UNCTAD)による「クリエイティブ産業」に関する定義は以下の通りである。

① 知識に基づく一連の活動である。それは，芸術に焦点を合わせるが，芸術に限定されるわけではない。それは，取引・貿易と知的財産から収入を生み出す。

② 有形の製品と無形の知的サービスや芸術サービスからなるが，それらはクリエイティブ・コンテンツ，経済的価値，市場目標をもつ。

③ 職人，サービス，産業を横断して位置する。

④ 世界貿易の新たなダイナミックな部門を構成する。

国連貿易開発会議（UNCTAD）の「クリエイティブ産業」に関する分類によると，本研究の対象となる広告会社は機能的創作物による「クリエイティブ・サービス」のサブグループに分類されている（図1-1，参照）。「クリエイティブ・サービス」には建築，広告，文化的・娯楽的，クリエイティブな研究開発（R&D），デジタルやその他関連クリエイティブ・サービスが含まれる。グローバル規模で「クリエイティブ・サービス」を含むサービス産業が経済活動の牽引役になっていることが推測される。

アメリカでは1970年代からサービス企業の海外市場への参入動機を探るところから研究がなされた。Weinstein（1977）は限定的ではあるが，広告会社の海外市場参入の動機について調査した。その研究ではアメリカの広告会社の海外投資行動に関して製造業と比較している。調査対象には海外売上高が1億

図1-1　国連貿易開発会議（UNCTAD）によるクリエイティブ産業の定義

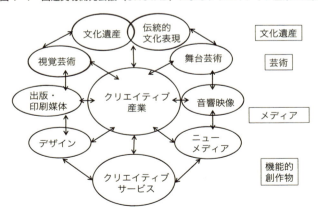

出所：UNCTAD (2010), p.8, 翻訳 (2014), 13ページより筆者作成。

ドルを超えているアメリカの広告会社が選ばれた。13社の上級管理職にインタビューを実施した。さらに海外売上高の比率が全売上高の50％を超える11社に対してアンケート調査をおこない，250件の投資に関する意思決定が研究された。その結果，アメリカの広告会社の海外投資行動や海外拠点の開設の動機について16項目を序列化した。それらは①上級管理者の興味，②顧客へのサービス，③攻撃的，④防衛的の4つのカテゴリーに分類された。着目すべきは，広告会社の海外進出の動機が上級幹部の初期興味と顧客サービスに影響を受けることを特定した点にある（表1-4，参照）。

Terpstra and Yu（1988）は多くのサービス企業が海外市場に進出するのは，国内の顧客の海外子会社へのサービスを行うためであるとしている。彼らは，欧米や日本の広告会社が広告主の海外市場参入に追随し，その拠点でのサービスを提供する目的で事務所を開設することを指摘した。Eramilli（1990）も経

表1-4　広告会社の海外進出の動機要因

ランク	海外市場参入への動機の記述	動機のグループ（カテゴリー）
1	上級幹部社員の初期興味	エグゼクティブ　インタレスト
2	現行クライアントのサービス欲求	クライアントサービス
3	規模拡大と成長への進取の欲求	攻撃的
4	顧客の業務へのコミットしてくれる安心感	クライアントサービス
5	多国籍広告会社としての認知獲得	攻撃的
6	市場での企業名の確立（将来に向けて）	攻撃的
7	他社の海外への進出・業務拡大	防衛的
8	見込みパートナーからの提案	クライアントサービス
9	過去の海外投資の成功	防衛的
10	アメリカのエージェンシーとの競合	防衛的
11	顧客企業からの要請	クライアントサービス
12	財務報告書の見え方の改善	攻撃的
13	他の投資より回収が大きいという期待	防衛的
14	現行クライアントの関係の悪化の回避	防衛的
15	市場での非アメリカ企業との競合	防衛的
16	アメリカの税制からの影響の軽減	防衛的

出所：Weinstein（1977），p.84を参照し，筆者作成。

営コンサルティングや会計事務所,広告会社などの専門的サービス企業は顧客への個別対応や密接な関係構築のため本社と海外拠点の統合度を高める必要があり,完全所有に近い海外子会社の設立をする傾向が一般的であるとしている。Erramilli and Rao (1990) はサービス業の海外市場参入の動機を顧客追随型 (Client Following) と市場探索型 (Market Seeking) に分類し,ソフト・サービス・ファームとハード・サービス・ファームに対応させた (表1-5,参照)。具体的には,レンタカーやレストラン事業など,サービスの生産と消費を分離することが困難な業種をソフト・サービス・ファームとした。一方で,建築事務所など,生み出されるサービスと消費を分離することが可能なサービスを提供する業種をハード・サービス・ファームと類別した。ソフト・サービス・ファームの顧客追随型の例としては,広告会社やコンピューターソフトウエア企業が挙げられている。ソフト・サービス・ファームの市場探索型の例としてはファスト・フードチェーンが現地の顧客にサービスを提供することが例として挙げられている。この研究においては広告会社の海外参入動機は顧客追随であるとされ,自国内の広告主の海外拠点にサービスするために自社のオフィスを設置するとされた。さらに,現地の新しい顧客獲得よりも本国において,すでに取引関係のあるクライアントへのサービスをおこなうことが優先されていることが示された。

このようなサービス企業の海外市場への参入動機についての研究を踏まえて,国際化のプロセスをどのように構築するかに関する研究がなされた。Goerzen and Makino (2007) は日本の5大総合商社 (三菱商事・住友商事・

表1-5 サービス企業の参入動機と類別

参入動機(モード)	サービス企業の類別	
	ソフト・サービス・ファーム	ハード・サービス・ファーム
顧客追随型 (Client Following)	広告会社が国内のクライアントへのサービス提供のために海外拠点を設立する	ソフトウエア企業が国内のクライアントの海外支社に対してサポートをおこなう
市場探索型 (Market Seeking)	ファスト・フードのチェーンが現地の消費者へサービスをするためフランチャイズ展開する	建築事務所が外国の顧客に青焼きの図面を販売する

出所:Erramilli and Rao (1993), pp.19-38を参照し,筆者作成。

三井物産・丸紅・伊藤忠商事)を対象にし,製造業とサービス企業の国際化プロセスに違いがあることを明らかにした(図1-2,参照)。

多国籍に展開するサービス企業は,最初に卸商取引のようなコア事業に近く(セル1),立地制約性がないサービスに投資をし(セル2),続いて小売りサービスのような立地制約がある事業(セル3)へ参入し,さらに非コア事業のサービスへ拡大していくこと(セル4)を示している。広告会社を含むサービス企業の国際化プロセスの特性としては,既存ビジネスの顧客サービスが起点となるコア事業の優先順位が高く,既存ビジネスを補完するために新しい市場を探求し,非コア事業へ参入していくと考えられる。このようにサービス企業の国際化プロセスの特性としては,既存ビジネスの顧客サービスの優先順位が高い。それは,すでに所有する専門的知識を国際移転し,必要であれば現地に合わせて知識の再創造をする傾向があることを意味している。

次節では,知識集約型の専門的サービス企業の知識特性に関する先行研究をレビューする。

図1-2 総合商社の動態的な国際化プロセス

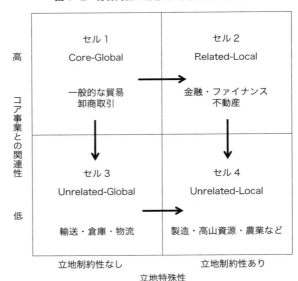

出所:Goerzen and Makino (2007), pp.1154-1156 を参照し,筆者作成。

第2節　知識集約型の専門的サービス企業

(1) 専門的サービス企業におけるサービス行為

　大東和・Kayama（2008，129ページ）は，専門的サービスに従事する広義のプロフェッショナルを「業務独占権は条件とされず，知的労働によって創造された，新しい価値を組織内外の顧客に提供し，その対価として報酬を得る高度職業専門人」と定義している。本研究の対象である日系広告会社は，この広義のプロフェッショナルによって構成される組織である。Maister（1993）は広告会社を経営コンサルティング，会計事務所，法律事務所と同じく，広告主へ専門的知識にもとづいてサービスをおこなうプロフェッショナル・サービス組織として位置づけている。専門的知識は提供されるサービスの質に影響するとされ，知識の持続的な創造が，広告会社の競争優位を獲得する上での課題となる。さらに，Maister（1993）によると広告主へのサービス提供の領域は，広告主のタイプとニーズによって異なるとされる（図1-3，参照）。

　Maister（1993）によるサービス提供の領域は①「頭脳型（Brain）」，②「経験型（Gray Hair）」，③「効率型（Procedure）」の3タイプに分類される。

図1-3　専門的サービス企業のサービス提供の領域

頭脳型（Brains）	経験型（Gray Hair）	効率型（Procedure）
高度な徹底的分析	←→	高い実施能力
高度にカスタマイズ	←→	マニュアル的
クライアントのリスクが高い	←→	クライアントのリスクが低い
小数のクライアント	←→	多くのクライアント
高いフィー	←→	高いフィーに対して神経質
最も新規性が高い	特定の問題・分野	見慣れた問題
シニア・プロフェッショナル	ミドル・プロフェッショナル	ジュニア・プロフェッショナル

出所：Meister（1993），p.22および翻訳56ページを参照して筆者作成。

また、組織内の人材的配置はシニア、ミドル、ジュニアの3層の職務レベルからなる。プロジェクトの立ち上がり時には①「頭脳型」のサービス業務となる傾向が強く、人材的配置はシニアレベルおよびミドルレベルの関与が最も必要とされる。まず「頭脳型」のサービス業務では、特定のプロフェッショナル個人の能力や名声が重視されるケースが多く、法律事務所や会計事務所などの伝統的なサービス業務が該当する。次に、②「経験型」のサービス業務では、人材的配置は特定の問題や分野に経験が豊富なプロフェッショナルの関与が必要とされる。ここでは、個人の能力よりは過去の実績や蓄積された知識を提供する組織能力が必要とされる。最後に、「効率型」のサービス業務では、見慣れた定型化された問題を扱うため、効率性が重視され、新規性の高いプロジェクトの業務とは対局にあるとされる。

一方で、専門的サービス企業においても、会計事務所、法律事務所のような特別な資格を有する専門家（会計士や弁護士）による伝統的な専門的サービス企業と経営コンサルティング、広告会社とはサービスが提供されるプロセスや、顧客とのコンタクトにおいて異なる点がある。それは知識仲介者（Knowledge Broker）という役割である。知識仲介者（Knowledge Broker）とは、Hargadon（1998）や西井（2013）によると知識移転を媒介し、新たなる知識を創造する役割を果たしている企業を指す。西井（2013，82ページ）は「知識仲介者は、幅広い産業にアクセスし、産業内に存在している多様な知識を学習する」とし、さまざまな市場や技術領域に橋を架け、イノベーションを起こす可能性を示唆している。経営コンサルティングや広告会社は知識仲介者（Knowledge Broker）として知識をある場所から他の場所に移すことによって、ソリューションを生み出す点にそのサービス行為の本質を見ることができる。

(2) サービス・プロセスによるサービス行為の分類

個人向けや法人顧客向けなどサービス産業は多様である。Lovelock and Wright（1999）はサービス・プロセスの観点からサービス行為を以下の4つのカテゴリーに分類した。

① 人を対象とするプロセス（People-Processing）

まず人を対象とするプロセスは，顧客がサービス提供のシステムの中に物理的に入る必要がある。人の身体に向けられる有形のサービス行為であり，旅客輸送，ヘルスケア，宿泊，レストラン，葬祭サービスなどが含まれる。

② 所有物を対象とするプロセス（Possession-Processing）

所有物を対象とするプロセスは，顧客の所有物へ向けられる有形のサービス行為であり，貨物輸送，修理・保全，倉庫・保管，小売流通，クリーニングなどが含まれる。

③ メンタルな刺激を与えるプロセス（Mental-Stimulus-Processing）

メンタルな刺激を与えるプロセスは，顧客の心，精神，頭脳に向けられる無形のサービス行為であり，経営コンサルティング，広告・PR，エンターテイメント，教育，放送・有線放送，宗教などが含まれる。

④ 情報を対象とするプロセス（Information-Processing）

情報を対象とするプロセスは，無形の財産に向けられる無形のサービス行為であり，会計，銀行，保険，データ処理・変換，プログラミング，法務サービス，ソフトウエア・コンサルティングなどが含まれる。

本研究が対象とする広告会社は③ メンタルな刺激を与えるプロセスを通して，顧客の心や精神・頭脳に向けられる無形のサービス行為を提供する。Lovelock and Wright (1999，翻訳 43 ページ) によると③ メンタルな刺激を与えるプロセスは「人の心・精神・頭脳に関わるものはすべて，態度を形成し行動に影響を与える」と規定される。さらに，Lovelock and Wirtz (2011) は顧客とサービス行為との直接のインタラクション（相互作用）が行われるひと区切りの時間単位を意味するサービス・エンカウンター（Service Encounters）という概念に着目し，サービス行為と顧客のコンタクトをハイ・ミドル・ローコンタクトの3つのレベルに分類した。またサービス従業員とのエンカウンターが重視されるサービス行為と施設・設備とのエンカウンターが重視されるサービス行為の2つのカテゴリーに分類した。しかしながら，このLovelock and Wirtz (2011) による6つのカテゴリーのなかに広告会社はプロットされていない（図1-4，参照）。その理由としては，広告会社のサービス行為の対象が広告主と消費者の両方が存在しているためではないかと考えられる。なぜならば，広告によってその行動に影響を受けるのは広告主ではな

図1-4 サービス行為と顧客コンタクトのレベル

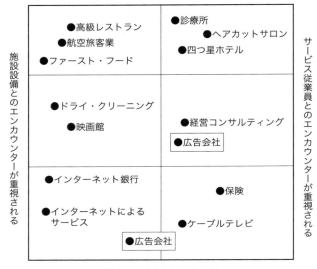

出所：Lovelock and Wright (1999), Lovelock and Wirtz (2011) を参照し，筆者作成。

く，あくまでも一般消費者である。このことから広告会社のサービスの特性とは，広告主との企業間取引的な「助言型サービス」と広告主の一般消費者に対するマーケティング業務の「支援型サービス」のふたつのサービス行為が同時並行で提供される特性が見られる。

次節では知識仲介者（Knowledge Broker）として知識をある場所から他の場所に移すことによってソリューションを生み出す専門的サービス企業である広告会社の職能とサービス行為について検討する。

第3節 広告会社の職能とサービス行為

Aaker and Mayers（1995）によると，現代の広告会社には3つの職能によ

るグループが存在しているとされる。第1のグループは「クリエイティブ・サービス・グループ」である。コピーライターなど広告表現のテーマを開発し，実際に広告制作に関与する職能である。第2のグループは「マーケティング・サービス・グループ」である。彼らは媒体調査・市場調査に責任を持ち，媒体の購買モデルなどを開発する専門家を含んでいる。最後に，第3のグループは営業担当責任者（Account Supervisor）を含む「クライアント・サービス・グループ」である。このグループの役割は広告主との接触に責任を持つということにある。具体的には広告主の目的を理解して，それを他の2つのサービス・グループに伝達することであるとされる。同様の観点から，Moeran (1996) も日本の広告会社において営業担当者（Account Executive）の専門性は，広告主と社内の異なる部門の担当チームとの人間関係を構築する能力であると述べている。その業務は「連絡（Traffic）」と呼ばれ広告主のオフィスと自社の間を往復することに多くの時間を費やすことが求められる。さらに，Moeran (1996) は広告会社の活動においては，営業担当者（Account Executive）が広告主との関係を構築し，広告戦略とクリエイティブ・アイデアを提案するプレゼンテーションの機会を得ることが，社内では重視されると指摘した。広告主へのプレゼンテーションが職能別の専門スタッフを，その広告主の担当チームへとまとめる契機になるのである。

　田中（2011）は広告会社の職能に関して主に5つの部門に細分化できるとし，各部門の職能について詳述している（図1-5，参照）。

　① 営業部門は広告主との折衝と社内スタッフとの調整の役割を果たしているとされる。

　② 媒体部門は新聞・雑誌・テレビ・ラジオ他の媒体社との窓口になり，メディアプランの企画・買付け・広告素材の受け渡しなどの役割がある。

　③ クリエイティブ制作部門はテレビコマーシャルや雑誌・新聞への広告素材を企画・制作することが主な役割である。

　④ アカウント・プランニング部門はマーケティング計画やコミュニケーション・プランを戦略的に立案する部門であり，消費者調査なども担当する。

　最後に，⑤ セールス・プロモーション（SP）部門は販売促進やイベントの企画・実施を担当する。この他にもPR関連業務や研究開発部門，国際部門を

図1-5 広告会社における部門別職能

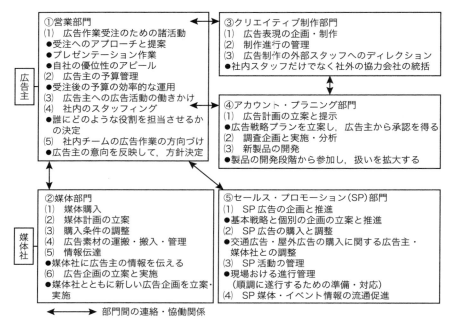

出所：田中（2011），71-76ページを参照し，筆者作成。

設けている広告会社もあるとされる。これらの広告会社の各部門の職能はそのサービス行為の提供に必要とされ，各個人やグループ，組織レベルでの専門的知識の創造が必要になる。

　日本広告業協会（2016）によると，社内・社外の各担当者のチームを取りまとめる営業部門の重要性が指摘されている。しかしながら，最近ではデジタル中心の広告戦略が展開される事例が増えており，部門間の垣根を越えてクリエイティブなアイデアを具体化する人材や組織の台頭があるとされる。このデジタル化に対応すべく，媒体部門から独立し，制作業務の一部も包括した専門組織としてデジタル・インタラクティブ部門が設置されている。アカウント・プラニング部門や研究開発部門に，ビッグデータの解析分野などの新しい職能を付加することも見られる。営業部門の担当者は「デジタル」に対する基本知識がないと，広告主に最適な広告戦略を提案できない時代になっている。必要と

される広告会社の職能もデジタル化やグローバル化のようなマーケティング環境の変化に合わせて変化している。

　本章に続く第2章では，国境を越える広告主へのサービス提供に必要不可欠な知識の国際移転や知識の再創造に関する先行研究についてレビューする。

注
1　経済産業省ウエブサイト，「政策について（サービス産業）」を参照した。
2　日本に関しては内閣府が発表した数値と世界銀行が発表した数値に差が見られる。これは対家計民間非営利サービス生産者を対象とするかによる差であると推測される。
3　大分類L－学術研究，専門・技術サービスには，中分類として広告業の他に学術・開発研究機関や法律事務所，特許事務所，公認会計士事務所，税理士事務所，デザイン業，経営コンサルタント業などが含まれている。

第2章
知識移転・知識創造に関する既存研究

第1節　国際知識移転

(1) 実践知

　Polanyi (1966) の「私たちは言葉にできるより多くのことを知ることができる」という一節に表されるように知識には「超言語的」な暗黙知があり，個別的要因を完全に明示することができない詳記不能性があることを示した[1]。また，暗黙知を論理的言語によって伝達可能な明示的な形式知と区別をしている。さらに，Polanyi (1983) は暗黙知を常に更新することを志向する動態的な知識 (Tacit Knowing) として捉えている。

　野中・竹内 (1996) はその Polanyi (1983) の議論を踏まえながら，暗黙知を「主観的な個人の知識」であり「今ここにある時間的な知識」，「アナログ的な実務に基づく知識」であるとした。同時に形式知を「客観的な組織の知識」であり「順序的な過去の知識」，「デジタル的な理論に基づく知識」であると2つの知識の特性を明確に規定している。野中・竹内 (1996) は暗黙知と形式知の相互作用が知識創造モデルの前提となる概念であり，暗黙知と暗黙知の「共同化 (Socialization)」や暗黙知と形式知の「表出化 (Externaization)」，形式知と形式知の「連結化 (Conbination)」や形式知と暗黙知の「内面化 (Internaization)」の4つのモードから成る「知識変換 (Knowledge Conversion)」を示した。野中・竹内 (1996) によると，日本企業の知識創造の特徴は「暗黙知から形式知化への変換」であると述べている[2]。この野中・竹内 (1996) の暗黙知と形式知の概念を発展させ，野中・紺野 (1999) は「暗黙に語りにくい知識」である暗黙知と「明示された形式的な知識」である形式知という知識の特性をより精緻に示した（表2-1, 参照）。

表2-1 暗黙知と形式知の特性

暗黙知（Tacit Knowledge）	形式知 (Explicit Knowledge)
○言語化し得ない・言語化しがたい知識	●言語化された明示的な知識
○経験や五感から得られる直接的知識	●暗黙知から分節される体系的知識
○現時点の知識	●過去の知識
○身体的な勘どころ，コツと結びついた技能	●明示的な方法・手順・事物についての情報を理解するための辞書的構造
○主観的・個人的	●客観的・社会（組織）的
○情緒的・情念的	●理性的・論理的
○アナログ知，現場の知	●デジタル知つまり了解の知
○特定の人間・場所・対象に特定・限定されることが多い	●情報システムによる補完などにより場所の移動・移転・再利用が可能
○身体経験をともなう共同作業により共有，発展増殖が可能	●言語的媒介をつうじて共有，編集が可能

出所：野中・紺野（1999），105ページ。

表2-2 知識集約型企業の暗黙知と形式知

	個人的	集合的・組織的
暗黙知	エキスパートとしての専門性 技能（スキル） 無意識に活用している知識	日常業務の連携 諸プロセス 集合知
形式知	教育 専門的知識 意識的に活用する知識	知的財産 製品・サービス 目的別知識

出所：Leiponen (2006), p.243.

野中（2003）は暗黙知と形式知はひとつのタイプの知識から他のタイプの知識への変換が容易でないことを理由に「暗黙知と形式知は二つの異なる知識である」と強調する。ここで，問題となるのは暗黙知の定義である。Leiponen（2006）は暗黙知とは基本的に個人的なものであり，「エキスパートとしての専門性」や「技能（スキル）」であるとしている。一方，形式知とは容易に個人的な知識から集合的・組織的知識へと統合されるとし，知識集約型企業の暗黙知と形式知の特性を整理した（表2-2，参照）。

石井（2009）はPolanyiの対象とした暗黙知が名詞としての知識（Knowledge）ではなく「暗黙裡に，つまりそれとわからないうちに知ってしまう隠れたプロセス」として，動詞としての「知る（Knowing）」の捉え方を支持し

ている[3]。一方で，安富（2010）は暗黙的知識があるということは，存在しない知識が存在するという逆説的表現に陥ると指摘し，暗黙知と形式知を相互に変換しながら，共有することで組織能力があがるとする野中らの理論を批判している[4]。

本書では野中・紺野（1999）が示した暗黙知と形式知は異なる知識であるとする定義に従う。その理由としては，暗黙知は言語化を拒む「非言語的知識」として存在しているからである。例えば，マニュアル化された形式知に，ある個人やグループが所有する経験に基づく「非言語的知識」を反映しようとすればするほど，それが容易でないことがわかる。すなわち形式知化できない知識は，人間同士が触れ合うアナログな仕組みでしか共有できないし，暗黙知と形式知は性質の異なる知識として存在している。

暗黙知や形式知はオペレーションの現場で実際に活用される実践知である。Davenport and Prusak（1998）は「知識に価値がある理由のひとつは，それがデータや情報に比べて行為により近いことだ」と述べている[5]。Dixon（2003）の提唱したコモン・ナレッジの概念は「Know What（何を知っているか）」よりも「Know How（どのように知っているか）」を重視する立場をとる。彼らは，理論的な知識あるいは情報である「Know What（何を知っているか）」と組織的任務に携わっている人々の経験から作られた知識である「Know How（どのように知っているか）」を「行為」を基準にして区別すべきだとしている[6]。

現場でのオペレーションのために必要な知識を捉える概念としての「実践知」に関して，Wagner and Sternberg（1987）は成功するマネジャーと暗黙知に関する3つのモデルを示した[7]。その3つのモデルとは，① 知識の内容であるコンテンツ，② 短期的または長期的な目的達成に関する知識かどうかというコンテキスト，そして③ アイデアの質や意思決定に関わる知識かどうかのオリエンテーションから構成される。Wagner and Sternberg（1987）は① 知識の内容であるコンテンツに関して，管理という視点から「自己管理」（自分のモチベーションを管理し成果を出す知識），「他者管理」（上司や同僚と関係をつくる知識），「タスク管理」（特定の業務を効率的に遂行するための知識）の3つに分類した。国内の研究者では楠見（2001）がWagner and Sternberg

(1987) の研究に基づいて暗黙知に関する定量的な分析をした。この楠見 (2001) の研究は暗黙知を実務レベルで構造化し，尺度測定をして日米比較をおこなった点で注目すべき研究である。そのような研究を踏まえて，楠見 (2012, 13 ページ) は暗黙知を実践の場で使う知識として捉えており「仕事の中で経験から直接獲得された知識であり，仕事上のコツやノウハウなどである」と定義した。要するに実践知は行為と深い関連がある暗黙知と形式知の総体であると考えられる。野中・紺野 (2012) は現場から仮説を立て，実践行為をつみあげていくなかで得られる実践知は，単純な現場起点の知識ではなく，組織のビジョンや共通の目的との一致がなくてはならないと指摘している。児玉 (2012) は実践知を人間から知識を切り離さずに，意味的な側面を重視することが極めて重要であるとしている[8]。

　金井・楠見 (2012) によると暗黙知は「仕事の中で経験から直接獲得された知識であり，仕事上のコツやノウハウなどである」とし「仕事を支えるスキルと能力」としての実践知の概念を示した[9]。本書が研究対象として取り上げる知識は日系広告会社の実際のオペレーションにとって必要とされる実践知である。次項では，これまで国境を越えて展開されるオペレーションにおける実践的な知識移転が，どのように議論されてきたのかについてレビューする。

(2) 国際知識移転

　言語や文化が異なる「国境を越える」知識移転の場合は，形式知の内容の見極めと暗黙知に関する共有するプロセスを国内での知識移転よりも精緻化しなければならない。現地の多様性を知識移転のプロセスにおいて，どのように吸収するかが課題となる。

　知識移転プロセスの研究は，まず製造業に関してなされてきた。安保他 (1991, 1994) による本社の知識を北米の海外子会社へ普及・定着させることを対象にした技術移転プロセスの一連の研究がその代表である。安保他 (1991, 1994) は日本の経営・生産システムのもつ競争優位を「現場主義」・「全員参加型のチーム方式」・「蓄積・改良型の製品・製造技術」の 3 要素に分類した。その優位性を「適用」（最大限に持ち込みたい）と「適応」（現地の環境条件に合わせて修正する）の二者択一式プロセスで移転する「適用・適応モ

デル」として紹介された。北米市場での自動車部品・組立・家電・半導体と複数の生産システムの技術移転に共通するモデルである。このモデルをもとに，郝（1999）は日本的生産システムの諸要素をⅠ（モノ），Ⅱ（モノとヒト），Ⅲ（ヒトとヒト），Ⅳ（企業間関係）に分類して，段階的な生産システムの移転と形成プロセスの視点からとらえなおしている。郝（1999）はⅠ＋Ⅱ＋Ⅲ，すなわち人材開発と活用システムに支えられた現場主義的な生産技術が日本的生産システムを規定することを示した。また，知識（技術）移転が時系列で段階的なプロセスを経て進行することで，現地側企業の技術力が向上し，競争力が高まるとした（図2-1，参照）。

製造業以外のサービス産業では，小売業の国際化のなかで知識移転プロセスの研究がなされた。矢作（2006）はアメリカのウォルマートから西友への国際知識移転のプロセスに関して「知識吸収能力モデル」を示して，知識の類似性やシステム埋め込み性が新しい知識を古い知識と入れ替える「ランプアップ効果」に影響を与えることを明らかにしている。川端（2006）は小売業の国際知識移転に関して，本社から現地の一方通行である「知識活用型」と本社と現地の双方向型である「知識開発型」の2つのタイプに分類している。川端（2006）は非製造業（小売業）の国際知識移転プロセスおいて「知識開発型」が非常に

図2-1 時系列・段階的な技術移転と形成の概念図

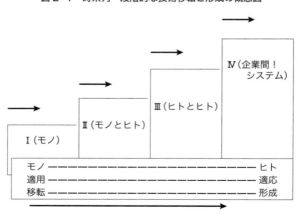

出所：郝（1999），43ページに一部加筆して，筆者作成。

重要であり,知識を増殖させ続けることが競争優位につながるとしている。すなわち,非製造業の知識移転は「モノ」を生産する製造業よりも現地のニーズを読み取って,より広範囲に知識の修正をおこなう「適応」が求められるという特徴がある。

ここで,知識移転プロセスがどのような段階から構成されているかについての先行研究をあげる。Hansen（1999）は知識共有のためのプロセスを,①探索（Search）と②移転（Transfer）として提示した。この2つのステージにおいて時間がかかると,タスクの遂行や成果に影響があるとしている。このモデルは知識移転には準備段階と実践段階が存在することを示している。しかしながら,郝（1999）が指摘するように「どのような要素に時間がかかりどのような要素に時間がかからないのかを具体的に示す」必要があり,Hansen（1999）の示したこの移転プロセスは,時系列的により細分化すべきである。浅川（1999）は移転プロセスに関して,①採用,②普及,③定着の3つの段階に分けている。このような知識移転プロセスの細分化の例として,Szulanski（2000）は通時的な視点から分析している。図2-2はSzulanski（2000）が提示した①手続き（Initiation）,②実施・履行（Implementation）,③強化（Ramp-up）,④統合（Integration）の4つのステージ（段階）から構成される知識移転プロセスである。この4つのステージは「移転知識の構成」,「移転の決定」,「移転知識使用の初日」,「成果と満足の達成度」の主要管理点（マイルストーン）によってコントロールされる。

国際知識移転プロセスにおいてどのような要因を考慮すべきかについて

図2-2　4つのステージからなる知識移転のプロセス

出所：Suzulanski（2000）,p.13より筆者作成。

図2-3 知識移転の潜在的変数の構成

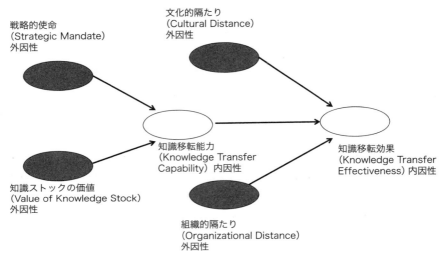

出所：Chini（2004），p.110より筆者作成。

Chini（2004）は組織における内因性要因として知識移転能力（Knowledge Transfer Capability）と知識移転効果（Knowledge Transfer Effectiveness）を挙げ，外因性要因として戦略的使命（Strategic Mandate）や知識ストックの価値（Value of Knowledge Stock），文化的隔たり（Cultural Distance），組織的隔たり（Organizational Distance）を挙げている。これらの内因性や外因性要因によって，国際知識移転に求められる潜在的変数の構成が複雑であることを示した（図2-3，参照）。

(3) 広告会社の国際知識移転

日本の広告会社の知識移転の問題を取り上げた研究は多くない。そのひとつとして，今井（2010）は広告会社のアジア戦略と知識移転の問題を取り上げている。そのなかで，電通は社内教育と知識移転をシンガポールの統括会社を中心に推進しており，知識の体系化と組織化に積極的である。電通アジアネットワーク大学のような公的・組織的な教育プログラムと自発的，非公式な研修や意見交換会を通して，日本で培われた優れた知識と経験の共有化による競争力

の向上を目指している。博報堂においても2007年より，電通と同様の取り組みがなされており，東南アジアの子会社の経営幹部候補やクリエイターを博報堂大学（日本）に派遣して，各職種に応じた知識移転をおこなっていることを指摘している。本書の研究対象企業であるアサツーディ・ケイ（ADK）においても，コロンビア大学のバーンド・シュミット教授の「経験価値マーケティング（Experiential Marketing）」の概念と手法を組み込んだ独自のブランド開発メソッドである「EX-ブランディング」が2002年以降，最適なコミュニケーション・プランを広告主に提案するためのものとして，海外の各拠点で研修する機会が設けられた。このような知識移転にみられるのは，知識の送り手側が開発した状況と受け手の市場環境が同一でないため，実際の業務に適用できる部分とそうでない部分が生じやすい。また，NIH（Not Invented Here）症候群の問題も生じやすく，知識の送り手側が受け手に「押しつける」タイプの知識移転になる傾向がみられる[10]。本研究では，このような研修を通しておこなわれるような知識移転は対象とはしない。現地での業務ベースの知識移転を前提とし，知識の送り手と受け手が相互に関係するタイプの知識と移転プロセスに焦点をあてる。次節では，移転される知識がいかにして組織内部で創造されるのかについてこれまで議論されてきたことをレビューする。

第2節　組織的知識創造

(1) 情報創造から知識創造への理論的発展

　本節では，知識創造理論の提唱者である野中郁次郎（以下，野中）の研究を中心に先行研究のレビューを試みる。野中が提唱した「ナレッジ・マネジメント」および「知識創造」という概念は1990年代の後半から2000年代の前半には流行の様相を呈し，多くの研究者や実務家に支持された。野中の知識創造理論の理論的背景には，近代組織論やコンテンジェンシー理論（環境適応理論），戦略経営論がある[11]。Barnard（1938）やSimon（1976）による，組織や人間を環境に対する情報処理パラダイムとして捉える近代組織論への問題意識が，野中の知識創造理論の根底にあると考えられる[12]。また，最適な組織構造は環

境によって条件づけられるという Burns and Stalker（1961）や Lawrence and Lorsch（1967）に代表されるコンテンジェンシー理論の組織を情報処理する存在として捉えて，環境によってその構造を変えるという主張に，違和感をおぼえる研究者が現れた。そのひとつが Mintzberg（1978）の戦略経営論である。Mintzberg（1978, 1985, 1987）は，組織が受動的に環境に適応するのではなく，意図された戦略を策定し遂行する過程で主体的な創発（環境適応）を行うと主張する。これに呼応するように，野中（1985a，1985b）は「人間は情報を処理するだけでなく，情報あるいは秩序を創造する存在である」とした。ここに野中の知識創造理論の萌芽を見出すことができる。さらに，野中（1985b）は情報の創造への基本概念として「自己組織化（セルフ・オーガニゼーション）」を提示した。また「情報創造のマネジメント」の条件として，組織内の進化を促すための不均衡状態である「ゆらぎ」および組織と個人の結束点として機能する「ミドル・マネジメント」の重要性を指摘した。さらに野中（1998）は情報処理パラダイムの変換を示し，組織が多様性を増やし，積極的に不確実性と向き合うことで，単なる情報処理のシステムではなく，情報創造のシステムを持つようになると説明した[13]。野中は情報創造と環境に対して働きかける能動的な存在として個人を捉えており，その集合としての組織を捉えていた。野中による 1989 年の『組織科学』に発表された論文「情報と知識創造の組織論：イノベーションの組織化過程」および 1989 年の『DAIAMOND ハーバード・ビジネス』に掲載された事例研究のシリーズでは，情報創造から知識創造へコンセプトの変化が明確化された。野中による 1980 年代の研究は，組織や個人を情報処理から情報創造，さらには知識創造の主体として捉える視点が展開された。そこには，戦略経営論（ネオ・コンテンジェンシー理論）の影響が見られ，野中の知識創造理論は戦略論としての色彩を帯びていく。1980 年代は日本の企業が急速に成長した時代背景があり，世界から日本の組織やマネジメントが生み出す競争力の強さに関心が集まっていた。情報創造から知識創造への理論的発展は，まさにそのような日本企業の組織やマネジメントの側面としての知識創造プロセスを先進諸国に対して，解き明かす意味があった。野中の組織的知識創造理論は組織を情報処理という存在から知識創造をおこなう存在として，パラダイム変換を促進したと言える。そこには，知識を資源として活用

する存在として，個人や組織をとらえる普遍的な主張が見られる。野中(1990) は知識創造の基礎を個人の暗黙知におき，暗黙知と形式知のダイナミックな相互作用による知識創造の基本仮説を提示した。そして，組織的知識創造のプロセスは，多層レベルにわたる個人・集団・組織レベルの10の命題として整理された（表2-3，参照）。

組織的知識創造の10の命題では，知識創造における，個人から集団，そして組織への段階的なフェーズが示された。野中（1990）は組織としての知識創造のマネジメントを米国企業と日本企業で比較する事例研究を行っている。対象とされた企業はアメリカのゼネラル・エレクトリック（GE）やスリーエム(3M)，日本の花王や日産自動車の4社である。野中はGEのようなトップダウン・マネジメントでは，所与の命題を越えるような知識創造は起こりにくいと指摘している。また，3Mのようなボトムアップ・マネジメントでは知識創造を通した革新に時間がかかりすぎ，製品などの一部のイノベーションには有効であるが，組織全体を変革するようなシステム型のイノベーションには向かないと指摘している。これらのアメリカ企業に対して，日本企業のミドル・

表2-3　組織的知識創造の10の命題

知識創造のフェーズ		組織的知識創造論の10の命題
個人レベル（フェーズ1）	1	組織的知識創造論の源泉は，組織内の個人的知識の創造である
	2	ゆらぎないしカオスの創発は情報・知識創造の可能性を生み出す
集団レベル（フェーズ2）	3	集団という場の設定は暗黙知の共有を促進し，集団レベルの概念を創造する
	4	集団レベルの概念創造を通じて，個人的知識は組織的知識創造に向かって増幅される
組織レベル（フェーズ3）	5	組織的知識創造は，不可逆性，活性化，情報冗長性に依存する
	6	組織的知識創造の効率は，最小有効多様性に依存する
	7	組織的知識は，組織に先行的に共有されている価値観によって正当化される
	8	ゆるやかな意味ネットワークの生成によって，成員の知識を組織的知識に体系化する
	9	組織的知識は知識創造の一回的産物ではなく新しい組織的知識創造の起源になる
	10	組織的知識は組織のリーダーならびに成員の志の高さに依存する

出所：野中（1990），69-91ページを参照し，筆者作成。

アップダウン・マネジメントはトップのビジョンと組織員の知識を集結し，知識体系の構築と変革がおこなわれる利点を挙げている[14]。この10の命題で示された知識創造が個人から集団，そして組織へと段階的なフェーズを経て実現される組織的知識創造論の核となるのがSECIプロセスである。

(2) SECIプロセスと「場（Ba）」

Nonaka (1991, 1994), Nonaka et al. (1994), Nonaka and Takeuchi (1995) は明示的な形式知と非言語的な暗黙知の2つを知識の分類区分として示し，形式知と暗黙知の相互作用による組織的知識創造理論を提唱した（図2-4，参照）。

それは，暗黙知と形式知の相互作用の4つの知識変換モードが連続して螺旋

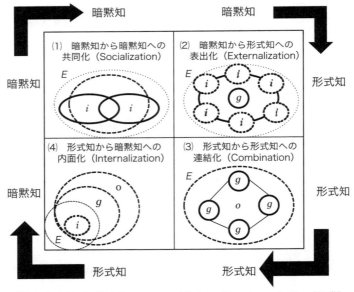

図2-4 SECIプロセスによる組織的知識創造（個人・集団・組織の自己超越）

注）i：individual（個人），g：group（グループ），o：organization（組織），
　　E：Environment（環境）
出所：野中・竹内 (1996)，91ページ，野中・紺野 (1999)，111および122
　　ページを参照し，筆者作成。

状に進展するのが SECI プロセスである[15]。組織的知識創造理論は，野中・竹内がハーバード・ビジネス・スクールに依頼された日本企業の新製品開発の現場リサーチが契機となって世界に発信された論文が起点になっている。Nonaka and Takeuchi（1995）の"Knowledge Creating Company"の日本語訳である『知識創造企業』が 1996 年には出版され，日本においても「ナレッジ・マネジメント」及び「知識創造」という言葉が頻繁に使われるようになった。

1996 年 3 月 19 日付けの『日経産業新聞』に，野中自身による「海外で通じぬ『暗黙知』」と題する記事が掲載されている。その記事では，東芝の日本人技術者が職人的な「高炉の温度を色で判断する」というような暗黙知を外国人技術者に対して説明できなかったという事例が紹介されている。この日本人技術者が伝えられなかった暗黙知こそが，日本の生産現場の競争力の源泉であったのだが，国境を越えて暗黙知を移転する場合には，受け手に伝えることの難しさが生じることが記されている。

野中（1990）は組織的知識創造論の 10 の命題においても，「組織的知識は知識創造の一回的産物ではない」としている。組織的知識創造理論の SECI プロセスに対する批判として，Gourlay and Nurse（2005）は暗黙知と形式知の相互作用によって創造された知識が，その次のフェーズにおいて，どのように転換していくのかが明示されていない点を問題点として挙げている。Gourlay and Nurse（2005）は創造された知識の一部はそのまま暗黙知になり共同化され，残りは形式知化されていくのであろうと推測できるとしているが，SECI プロセスには，そのような連続性に関しての曖昧さが残されていると批判している（図 2-5，参照）。

そのような曖昧さについての問題意識も影響したのか，暗黙知を移転するための条件が議論された。その理論的な解決方法として，野中・遠山・紺野（1999）によって知識創造における「場（Ba）」の概念が提示された。野中・遠山・紺野（1999）による知識を適時適所で活用するための「場（Ba）」とは，個人的・集団的を縦軸にし，直接的・間接的を横軸にした 4 象限で整理された「創出場」と「対話場」・「システム場」・「実践場」から構成される（図 2-6，参照）。

図2-5 暗黙知と形式知の相互作用の連続性の問題

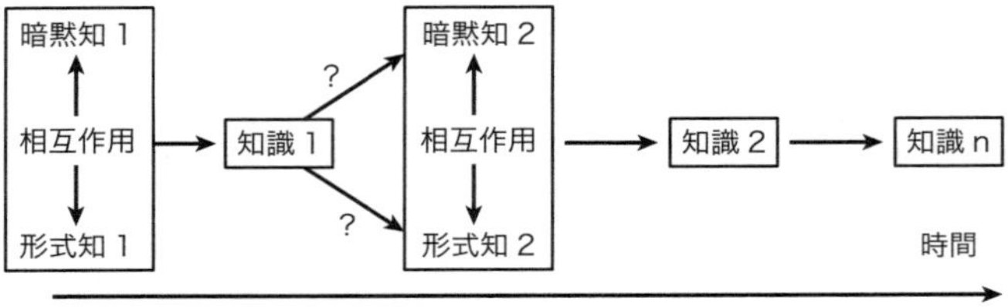

出所：Gourlay and Nurse (2005), p.304 より筆者作成。

図2-6 組織的知識創造における「場 (Ba)」

出所：野中・遠山・紺野 (1999), 40ページより筆者作成。

　この「場 (Ba)」における比喩的言語や体験によって暗黙知の「文脈」と「関係性」が共有されることになる。野中・遠山・紺野 (1999) は，1990年代に登場した Lave and Wenger (1991), Wenger (1998), Wenger et al. (2002) による「実践共同体 (Communities of Practice)」と「場」の概念との共通点と相違点についても言及している。共通点としては，知識（暗黙知）を学習する場であることを挙げている。相違点としては，「実践共同体 (Communities of Practice)」は歴史と文化の連続性を背景にした既存知識の学習の場にとど

まり，知識創造する場ではないことを挙げている。野中・遠山・紺野（1999）によると組織学習と知識創造は区別して考えることが必要である。

2000年以降，野中の知識創造理論は「実践共同体（Communities of Practice）」の概念の影響もあり，実践を目的としてより精緻化されていく。Von Krogh, Ichijo and Nonaka（2000）は組織の役割が，知識を管理するのではなく，知識を実現可能にすること（ナレッジ・イネーブリング）にあるとした。そこで，ナレッジ・ビジョンの浸透，会話のマネジメント，ナレッジ・アクティビストの動員，適切な知識の場作り，ローカル・ナレッジのグローバル化からなる5つの概念が示された。特に，ローカル・ナレッジのグローバル化に関しては「ローカル化のきっかけ作り（Triggering）」「知識のパッケージ化および移転（Packaging and Dispatching）」から「ローカルの状況にあわせて再創造（Re-Creating）」するプロセスが示された（図2-7，参照）。そのプロセスでは，多国籍企業のトップマネジャーはローカルな知識の蓄積とアクセスを容易にし，物理的，文化的，組織的そして経営上の障壁を克服する必要性が指摘されている[16]。しかしながら，ローカル・ナレッジのグローバル化に関してはSECIプロセスがどのように活用され，組織的知識創造が実現されるかについては言及されていない[17]。

Nonaka and Toyama（2003）は，知識創造が動態的な行為主体である個人のナレッジワーカーと組織間の相互作用によりなされることを示した。その事例研究として，野中・勝見（2004）はサントリーの飲料開発や本田技研工業のアコードワゴン開発をはじめ，デンソーやキヤノン，スズキ，ヤマハ，日清食品のイノベーション事例を取り上げている。そこで，マニュアルではないがその企業独自の実行力を磨きあげる知識創造のための「型」である「クリエイティブ・ルーティン」の必要性を提唱している。それは「国境を越える」知識創造のプロセスにおけるさまざまなトレードオフを解決する「正・反・合」の

図2-7　ローカル・ナレッジのグローバル化

ローカル化のきっかけ作り（Triggering）　→　知識のパッケージ化および移転（Packaging and Dispatching）　→　ローカルの状況にあわせて再創造（Re-Creating）

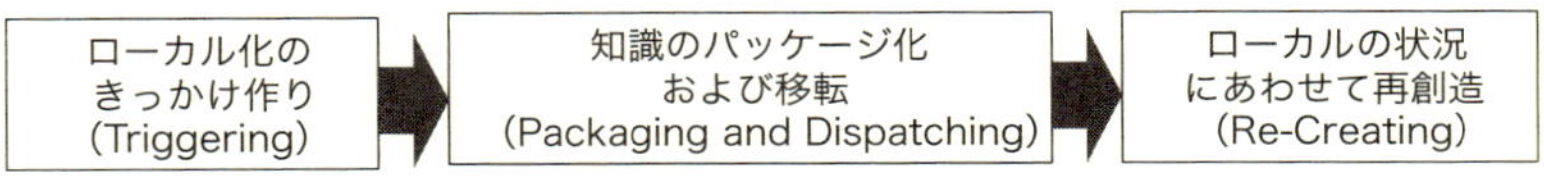

出所：Von Krogh, Ichijo and Nonaka（2000），p.213 より筆者作成。

弁証法的なアプローチの「型」でもある。このような研究の流れを踏まえて野中・紺野（2012）により，知識創造経営を21世紀の経営環境の文脈に位置づける試みがなされた。そこでは具体的な事例としてテルモ，JFEスチール，日建設計，富士ゼロックス，日立ハイテク等の企業が取り上げられ，知識創造経営を具現化するビジネスモデルや市場知と技術知の融合の方法論，情報システムと「場（Ba）」の概念が提示された。さらに野中・紺野（2012）はSECIプロセスの知識変換のモードに，より動態的な視点を導入した。彼らは，暗黙知の内包するダイナミックな動態的な自己更新性に期待し，「共同化」というプロセス，共通の体験こそが他人の思考プロセスに入り込むポイントであり，生きた現場のレベルから価値を生み出す「優位のモード」であるとした[18]。そして，「共同化」に続く「表出化」は暗黙知から形式知へと移す，コンセプト化のプロセスであるとし，それこそが知識創造の鍵であると述べている。野中・徳岡（2012）は2008年のリーマンショックを契機にして，「新たなやり方で価値に変える経営モデル」と日本の組織的知識創造が活性化する仕組みを内包したビジネスモデルの実践が必要であるとした。企業ビジョンのような「存在次元」と組織基盤，知識創造基盤，顧客基盤からなる「事業次元」，コスト構造と適正利潤，市場価値からなる「収益次元」，最後に社会的存在価値という「社会次元」の4層構造からなる事業創世モデルのフレームワークが示された[19]。

　野中を中心として提唱されてきた組織的知識創造理論に関して表2-4は1980年代および表2-5は1990年代に発表された主要な論文や著作を時系列に整理したものである。野中らを中心に発展してきた組織的知識創造理論は1980年から1990年代にかけては知識体系（Body of Knowledge）に焦点が絞られて発展してきたことが理解できる。企業組織における機能ごとの深いレベルでの必要十分な知識を網羅することに注力されてきたと言えよう。

　2000年以降は，組織的知識創造やイノベーションが活性化する仕組みであるビジネスモデルについて議論がなされていることがわかる。すなわち知識体系（Body of Knowledge）からビジネスモデルという知識に関する研究対象が変化している。

　表2-6は2000年代に発表された主要な論文や著作を時系列に整理したもの

第2節　組織的知識創造　41

表2-4　1980年代の組織的知識創造理論に関する主要な論文・著作

1980年代の研究で提示される概念： ①情報処理パラダイムから情報創造　②知識創造経営		
発行年	著者	論文・著作タイトル
1985年	野中郁次郎	「経営学の理論構築に向かって」『一橋論叢』
1985年	野中郁次郎	『企業進化論―情報創造のマネジメント』
1986年	Takeuchi, H. and Nonaka, I.	"The New Product Development Game" *Harvard Business Review*
1986年	野中郁次郎	「組織秩序の解体と創造；自己組織化のパラダイムの提言」『組織科学』
1986年	野中郁次郎・山田英夫	「企業の自己革新プロセスのマネジメント；組織内に"ゆらぎ""引き込み"をいかにおこすか」『DAIAMONDハーバード・ビジネス』
1987年	野中郁次郎	「経営戦略の本質；情報創造の方法論の組織化」『組織科学』
1988年	野中郁次郎	「日本的『知』の方法と生産システム」『組織科学』
1988年	野中郁次郎・綱倉久永	「企業はいかにして新たな視点を獲得しうるか；企業の自己革新の本質は情報の創造とその現実に」『DAIAMONDハーバード・ビジネス』
1988年	野中郁次郎	「情報創造にむかう戦略的組織像」『ビジネスレビュー』
1989年	野中郁次郎	「情報と知識創造の組織論；イノベーションの組織化過程」『ネットワーク時代の組織戦略』
1989年	野中郁次郎	「知識創造経営への提言；効率性追求主義からの視点転換」『組織科学』

出所：筆者作成。

である。

　本書では，前者の広告会社の知識体系（Body of Knowledge）に着目している。その理由は専門的サービス業である広告会社の知識と社会ネットワークの関係を議論するためには，広告主へのサービス提供に求められる各機能について網羅する必要があるからである。

　国際知識移転に関してはVon Krogh, Ichijo and Nonaka（2000）によって，組織全体での知識共有に関係する最後のステップである「ローカル・ナレッジのグローバル化」のフローが示された。その中で，「ローカル化のきっかけ作り（Triggering）」，「知識のパッケージ化および移転（Packaging and Dispatching）」，「ローカルの状況にあわせて再創造（Re-Creating）」という組織全体での国際知識移転・創造のフローがある。知識の国際移転には，本社から現地子会社へというような知識の送り手と受け手の存在がある。ここで重要に

表2-5 1990年代の組織的知識創造理論に関する主要な論文・著作

1990年代の研究で提示される概念： ① 暗黙知と形式知の相互作用　② 組織的知識創造論のモデル（SECIプロセス）　③ 場(Ba)の概念		
発行年	著者	論文・著作タイトル
1990年	野中郁次郎・紺野登・川村尚也	「組織的『知の創造の方法論』」『組織科学』
1990年	野中郁次郎	『知識創造の経営』
1991年	Nonaka, I.	"The Knowledge Creating Company" *Harvard Business Review*
1994年	Nonaka, I.	"Dynamic Theory of Organizational Knowledge Creataion" *Organization Sciennce*
1994年	Nonaka, I., Byosiere, P., Borucki, C. and Konno, N.	"Organizational Knowledge Creataion Theory; A First Comprehensive Test" *International Buisness Review*
1995年	Nonaka, I. and Takeuchi, H.	*The Knowledge Creating Company*
1996年	野中郁次郎・竹内弘高（梅本勝博訳）	『知識創造企業』
1998年	Nonaka, I. and Konno, N.	"The Concept of Ba Building a Foundation for Knowledge Creation" *Carfornia Management Review*
1999年	野中郁次郎・遠山亮子・紺野登	「『知識創造企業』再訪問」『組織科学』
1989年	野中郁次郎・紺野登	『知識経営のすすめ―ナレッジマネジメントとその時代』
1989年	野中郁次郎	「知識創造経営への提言；効率性追求主義からの視点転換」『組織科学』

出所：筆者作成。

なるのは，知識のパッケージ化をおこない，ローカルの状況に適合させて知識を再創造する点である。Nonaka and Takeuchi（1995）は，社会的相互作用を通じて外部の利害関係者の知識を活用する必要性について言及している。すなわち，外部世界との知識ネットワークを構築することが，不確実な経済状況において企業がグローバル化するためには不可避であると主張している。国際知識移転および知識の創造は，組織の内部のみならず，外部の利害関係者との社会ネットワークと深く関係している。

次節では知識と社会ネットワークの観点から先行研究をレビューする。

表2-6 2000年代の組織的知識創造理論に関する主要な論文・著作

2000年代の研究で提示される概念： ① クリエイティブ・ルーティン　② ローカルナレッジのグローバル化 ③ ビジネスモデルの枠組み　　　④ 賢慮の知（実践知）		
発行年	著者	論文・著作タイトル
2000年	Von Krogh, G., Ichijyo, K. and Nonaka,I.	*Enabling Knowledge Creation; How to Unlock the Mystery of Tacit Knowledge and Release the Power of Innovation*
2000年	Nonaka,I., Toyama,R. and Konno,N.	"SECI, Ba and Leadership, A unified model of Dynamic Knowledge Creataion" *Long Range Planning*
2000年	Nonaka,I., Toyama,R. and Nagata, A.	"A Firm as a Knowledge Creating Entity" *Harvard Business Review*
2001年	フォンクロー・ゲオルグ・一條和生・野中郁次郎	『ナレッジ・イネーブリング―知識創造企業への五つの実践』
2003年	野中郁次郎・紺野登	『知識創造の方法論』
2004年	野中郁次郎・勝見明	『イノベーションの本質』
2010年	野中郁次郎・遠山亮子・平田透	『流れを経営する―持続的イノベーション企業の動態理論』
2012年	野中郁次郎・紺野登	『知識創造経営のプリンシプル―賢慮資本主義の実践論』
2012年	野中郁次郎・徳岡晃一郎	『ビジネスモデル・イノベーション―知を価値に変換する賢慮の戦略論』
2012年	野中郁次郎・荻野進介	『史上最大の決断「ノルマンディー上陸作戦」を成功に導いた賢慮のリーダーシップ』

出所：筆者作成。

第3節　知識と社会的関係資本

　個人の知識が組織レベルにおいて共有され，活用される実態ついてはBadaracco（1991）はパッケージ化された移動型知識が国境を越えて個人またはグループで理解され，把握される抑制条件と加速条件などの視点から研究している。組織レベルで知識が活用される結果に着目すると，Argote et al.（2000）は知識を組織で共有し活用することがその組織の持続性に関係すると指摘している。Leonard（1995, 2005）が指摘したように，IT化とグローバル化が進行する状況下では，より開かれた外部知識のリソースを取り込む知識の

導入と吸収が求められる。そのためにはLin（2001）が言及しているように，個人が社会的なネットワークを通じて知識などの資源にアクセスし知識を共有・活用しなければならない。

これまで，Baker（1990, 2000）やBurt（1995, 2004）らによって社会ネットワークは社会構造に埋め込まれた「社会的関係資本（Social Capital）」へアクセスするための経路として研究されてきた[20]。Lin（2001）や松信・渡辺（2005）によると「社会的関係資本（Social Capital）」には「開放型ネットワーク」と「閉鎖型ネットワーク」の2つのタイプがあるとされている（図2-8, 参照）。

第1の「開放型ネットワーク」（ネットワークⅠ）は個人によって用いられ，行為者間の緩やかな連結によって構成される。Granovetter（1973）の「弱い紐帯の強さ」がこの「開放型ネットワーク」に該当する。この「開放型ネットワーク」は新しい情報や知識，機会を探索して獲得するのに効果的であるとされる。さらに「開放型ネットワーク」においては，中心的位置やブローカー的な役割を獲得することによって，その個人は主導権をもつようになる。第2の「閉鎖型のネットワーク」（ネットワークⅡ）は集団によって維持され活用される。行為者間の緊密な連結によって構成される。「閉鎖型ネットワーク」においては，組織への帰属意識が高まり，内部知識の保存，維持，共有，再生産に適しているとされる。「社会的関係資本（Social Capital）」の「開放型ネットワーク」と「閉鎖型ネットワーク」には，前者が個人的で，知識の探索志向であるのに対して，後者は集団的で，知識の深化を志向する違いがある。この点

図2-8　2つのネットワークタイプ

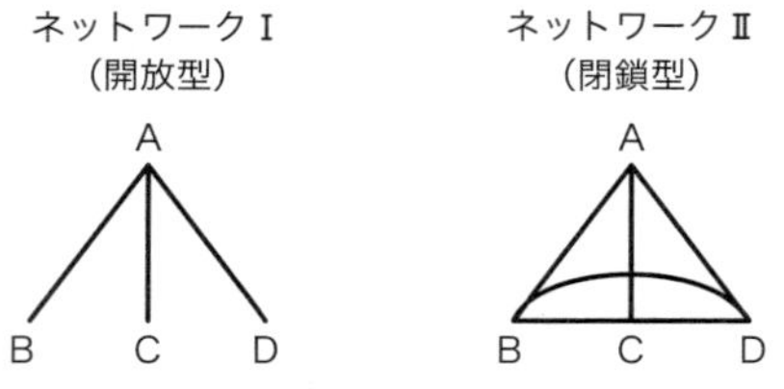

ネットワークⅠ　　　　ネットワークⅡ
（開放型）　　　　　　（閉鎖型）

出所：松信・渡辺（2005），116ページを参照し，筆者作成。

は知識と社会ネットワークの関係をとらえる上で重要な概念になる。とりわけ Lin（2001）や児玉（2010）が指摘しているように不確実性が高い状況下において課題を解決する場合には，隣接する個人が緊密なネットワークを構築しつつ，組織全体で知識を効率的に共有・活用することが望ましいと考えられる。Uzzi（1997）や Adler and Kwon（2002），若林（2009a）らによると社会ネットワークによって構成される組織は人々や資源の結合関係がフラットで柔軟であり，創造性や革新性が高く，複数の個人や集団，組織が一定期間の共通目的を果たすために結合した組織形態であるとされる[21]。想定される社会ネットワークとしては閉鎖型のネットワークⅡのタイプである。

Uzzi and Spiro（2005）はグローバル化に対応したネットワークは，国境を超えて存在する才能や知識という資源へのアクセスを可能することを示した。若林（2009a, 2009b）が指摘しているようにネットワークはグローバル化時代の厳しい環境変化に対応する組織形態であり，誰が誰と，どのように，ネットワークとして繋がっているかが，知識移転や新しい知識の創造において重要な意味を持っている。

注
1 Polanyi（1966），p.4，翻訳（2003），18ページ。
2 野中・竹内（1996），13ページ。
3 石井（2009），96-97ページ。
4 安富（2010），95-100ページ。
5 Davenport and Prusak（1998），p.6，翻訳（2000），26ページ。
6 Dixon（2000），pp.11-13，梅本・遠藤・末永訳（2003），18-22ページ。
7 Wagner and Sternberg（1987），p.302.
8 児玉（2012），17ページ。
9 金井・楠見（2012），13-15ページ。
10 Katz and Allen（1982）は NIH 症候群ついて，50のR&Dプロジェクトを対象として知識の受け手の組織が，新しいアイデアを拒絶する傾向があることを示した。
11 野中（1985）は Barnard や Simon の近代組織論を自らの理論的背景であると述べている。
12 Barnard（1938）は組織を意図的に調整された人間の活動や諸力の体系であるとし，経営者の役割を示した。Simon（1976）は情報処理パラダイムを人間の限定的な合理性により捉える近代組織論を展開した。
13 野中（1988），79ページ。
14 野中（1990）はこれらのマネジメント・スタイルに優劣があるわけではないとしている。
15 Nonaka et al.（1994）は日本人ミドル・マネジャーを対象とする定量的分析により，これらの4つの知識変換モードに相互関係があることを実証した。
16 Von Krogh, Ichijo and Nonaka（2000），p.208，翻訳（2001），359ページ。

17 Gourlay and Nurse（2005）は野中らの事例研究においてSECIプロセスとの関連性に関して詳細な記述がないことを問題点として指摘している。
18 野中・紺野（2012），77ページ。
19 野中・徳岡（2012）はOsterwalde（2010）のビジネスモデル・キャンパスを参照している。
20 他にColeman（1988），Uzzi（1997）やLin（1999），Adler and Kwon（2002）などの研究が挙げられる。Burtがネットワークの密度が低い，緩やかに構成される開放的なネットワークの優位性を主張する立場を取るのに対して，Colemanは密度が高い閉鎖的なネットワークの優位性を主張している。
21 Burt（1995, 2004）やLin（1999）の研究においても同様の指摘がなされている。

第3章
社会ネットワークに関する既存研究

第1節 社会的関係資本（Social Capital）としての知識

　Lin（2001）は「社会的関係資本（Social Capital）」を行為者が所属する社会的なネットワークやグループとの関係を通じて得られる資産とみなした[1]。金光（2003, 238ページ）は「社会的関係資本（Social Capital）」について「社会ネットワーク構築の努力を通して獲得され，個人や集団にリターン，ベネフィットをもたらすような創発的な関係資産である」と定義している。すなわち，個人は利益を創出するために相互行為によるネットワーク構築をおこなうのである。金光（2003）は社会ネットワークを投資行為によってリターンを得る資本として捉えている。これまで「社会的関係資本（Social Capital）」については，社会学や経済学，経営学，政治学，そしてナレッジ・マネジメントの領域で議論がなされてきた。以下，幾つかの代表的な研究を取り上げる。

(1) 資源動員的な社会的関係資本

　社会学的な立場からGranovetter（1973）は，「弱い紐帯の強さ」として有名なボストン近郊の専門職・管理職者の転職行動における社会ネットワークの影響について研究した。特にGranovetter（1973）は情報の伝達への影響に着目しており，弱い紐帯が個人を集団に結びつけ，利益を得る機会の獲得に不可欠であることを示した。これまで，強い紐帯こそが情報の流れや信用に大きく影響するとされてきたが，Granovetter（1983）は各集団内の強い紐帯のネットワークが意思決定に影響するが，集団間の境界を越えて結びつけるブリッジは弱い紐帯によってなされると主張した。さらにGranovetter（1985）は大部分の経済行動が個人間の関係による社会ネットワークに埋め込まれているとし

た。

　Williamson (1975) は『市場と企業組織』において展開された取引コスト論を引用しながら「取引特殊投資」である金銭や時間，エネルギーのように他人と相互にやり取りすることが容易ではないものが，個人的な関係や企業間関係のネットワークに依存しているが，社会ネットワークによってより高い次元で実現されるとした。このような新しい経済社会学の概念は，社会ネットワーク構造の代表的な Uzzi (1996) や Uzii and Spiro (2005) らの研究に引き継がれていく。金光 (2003) は個人・集団・企業が社会ネットワークに埋め込まれた資源へのアクセスとその活用によって，利益を得るような資源動員的な社会的関係資本論を展開している。

(2) 連帯的な社会的関係資本

　同じく社会学的な立場から Coleman (1988) は「社会的関係資本 (Social Capital)」における「強制と期待」，「社会的規範」の要素がネットワークの閉鎖性と関係することを示した。そして，社会的関係資本 (Social Capital) は金銭的・物理的・人的資本と併存しているとした。Coleman (1990) は「社会的関係資本 (Social Capital)」を2つの構成要素から捉えている。第1には「社会的関係資本 (Social Capital)」が社会構造のひとつの側面であり，構造内の個人に特定の行動を促す要素として，第2には資本として機能しているか否か，利益を得るという目的実現の基盤として機能する要素として捉えている。

　また Coleman (1988) は家庭や学校という強い社会的連帯によるコミュニティーのような組織への参加度に代表される「人的資本 (Human Capital)」が「社会的関係資本 (Social Capital)」の量を表すとし，緊密で「閉鎖的なネットワーク」が集合的資本の維持（表出行為）を可能にすると考えている。連帯的な人的資本論において，Coleman (1988) は「強制と期待」，「情報経路」，「社会的規範」を連帯的な「社会的関係資本 (Social Capital)」の3つの形態としている。さらに他の資本と比較すると「社会的関係資本 (Social Capital)」は，行為者が通常は少ない利益しか得られない公共財 (Public Good Aspect) であり過小投資の傾向が生まれると結論づけた。

(3) 協同的知識と社会的関係資本

金光（2003）は社会的関係資本論に協同的知識の概念を位置づけることは極めて重要であるとしている。これは，社会的関係資本論が第2章知識移転・知識創造に関する既存研究においてレビューした概念や理論と深く関係していることを意味している。まさに知識は社会ネットワークを通じて得られる資産であると言える。本研究の知識と社会ネットワークの関係を明らかにする視点とも一致している。

Nonaka and Takeuchi（1995），野中・竹内（1996）や野中・紺野（1999）による「形式知」と「暗黙知」の相互作用による組織的知識創造理論の核となる概念である暗黙知と形式知の相互作用の4つの知識変換（SECIプロセス）は社会ネットワークに「埋め込まれた」暗黙知を形式知に変換することで新たな知識を創造する知識資本の形成と活用を目的としている。この「SECIプロセス」を通して，知識資本の形成と活用がおこなわれる。

特に野中（2012）は共体験こそが他人の思考プロセスに入り込むポイントであるとし，経験の共有によって暗黙知を創造するプロセスである「共同化（Socialization）」を重視している。その理由は，社会ネットワークに入り込んで，現場レベルで価値を感じることが必要とされる点にある。社会ネットワークにおいて，「SECIプロセス」によって経験が言語化・図式化されながらその範囲が拡大し，グループや組織のメンバーに共有される。

野中を中心にして提唱された知識創造理論における「SECIプロセス」と呼ばれる4つの知識変換モードは，各プロセスが相互に関係しながら，螺旋的により高度な次元に向かって知識が創造されるイメージをもっている。また，個人の知識創造が集団や組織レベルにも共有されていくプロセスとして全体像を提示した点に，従来の情報処理あるいは問題解決のシステムとしての社会ネットワークのとらえ方とは一線を画す動態的なアプローチが示されている。

野中・遠山・紺野（1999）・野中・紺野（2003）による知識を適時適所で活用するための「場（Ba）」の概念にも協同的知識と「社会的関係資本（Social Capital）」との関係を見ることが可能である。「場（Ba）」は社会ネットワークにおける「文脈」と「関係性」が重要な意味をもっている。図3-1はSECIプロセスに対応した「場（Ba）」の概念を示している。

Leonard（1995）は外部からの知識の導入と吸収の重要性を組織内での知識創造と同じレベルで考えるべきであると主張する。また，知識経営は競争優位を生み出す模倣困難なコア・ケイパビリティを理解することが出発点になるとし，コア・ケイパビリティを維持するための活動として知識創造を位置づけている。このコア・ケイパビリティこそが知識資本である。組織内部と外部の知識を開発する能力や知識にアクセスする能力，知識を吸収する能力とそのプロセスは組織的知識創造理論の重要な概念である。図3-1はLeonardo（1995）の社会ネットワークにおける内部の知識と外部の知識リソースとの関係を整理したものである。

これまで「社会的関係資本（Social Capital）」という概念に関する議論をレビューしてきた。「社会的関係資本（Social Capital）への投資とリターンからなる基本構造が存在している。具体的には個人が社会ネットワークを構築するという投資行為によって，他の個人や集団や組織のもつ情報や知識を共有・活用され知識資本というリターンを得ることが理解される。本研究は事例を通して，「社会的関係資本（Social Capital）」への投資とリターンからなる基本構造を明らかにする。

図3-1 社会ネットワークにおける内部知識と外部の知識リソース

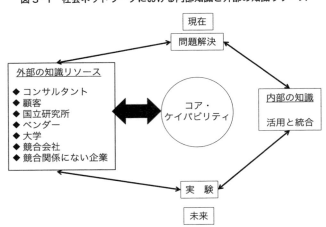

出所：Leonardo（1995），p.137およびp.152，翻訳（2001），199ページおよび219ページを参照して筆者作成。

第2節　社会ネットワークの構造と特性

(1) 社会ネットワーク分析

　前章では社会ネットワークが偏在する才能や知識という資源へのアクセスを可能にすると述べた。社会ネットワークは誰が誰と，どのように繋がっているかが，重要な意味を持っている組織形態である[2]。そのため社会ネットワークは社会構造に埋め込まれた経営資源である「社会的関係資本（Social Capital）」へアクセスするための経路として研究されてきた[3]。前節で述べたように，グローバル化への対応のような不確実性が高い状況下において新たな課題を解決する場合には，隣接する個人が緊密な社会ネットワークを構築することが望ましいとされる。そして，社会ネットワークによって構成される組織は，人々や資源の結合関係がフラットで柔軟，創造性や革新性が高く，複数の個人，集団，組織が一定期間の共通目的を果たすために，柔軟に結合した組織形態である。

　近年，社会ネットワーク分析では，宮崎・松尾（2015）によるソーシャルメディアの書き込みやBulkley and Alstyne（2006），安田・鳥山（2007）による電子メール，牛丸（2014）による会話スクリプトなどがネットワークの構造を抽出するデータとして使われる。とりわけ組織内でやり取りされる電子メールは，指示や連絡だけでなく，情報や知識の共有だけでなく成果との関連も指摘されている[4]。社会ネットワーク分析の意味はネットワークの構造特性を把握し，そして個人の行為の結果である特定のイベントの発生を説明するプロセスを提示することにある[5]。さらに，公式組織のみならず，非公式組織の発見もあるとされ，見えない関係性をあぶりだすことでもある[6]。一方で，インタラクションの時間と頻度に対してどのように配慮をするべきかという課題も残されている。

　Burt（2004，2008）によると社会ネットワーク分析では，情報や知識が流れる経路は示されるが，実際にそこに情報や知識がながれているかどうかは推測であり，それ自体を観察することはできないと指摘されている。したがっ

て，組織化される知識に関しては電子メールのみでなく，会議や打ち合わせなど議事録のようなコミュニケーションの記録を複合的に検討する必要が生じる。

(2) ネットワーク・ダイナミクス

佐藤・平松（2005）は社会ネットワーク分析の構造主義との関連を指摘し，ネットワークの構造的制約が個人の行為を決定するとしている。それは個人や組織の利用可能な資源の違いが，行為の違いに影響するということである。さらに，佐藤・平松（2005）は社会ネットワークの構造が所与の制約条件であると同時に，合理的な選択の結果として社会ネットワークが形成されるという視点も必要ではないかという問題提起をしている。すなわち，社会ネットワークの変動を分析の対象にする研究方向があることを示したことになる。先駆的な社会ネットワークの変動の研究としてはColeman（1964）やYamaguchi（1980）が友人選択過程についてモデル化した。そして，井上（2005）は静態的な社会ネットワークの構造を対象にする研究から，構造変動という動態的な研究への動向が注目されていることを指摘している。井上（2005）はグラフ論的に動態的な社会ネットワークを定義した。それは社会ネットワークを個人や組織を意味する点（ノード）の集合Vとノードを結ぶ辺の集合Aと，2点間でやり取りされる情報や資源の対称差を表す集合δを使って$S=(V, A, \delta)$と記述される。慣習的に点iから点jへの情報の流れは$X=(X_{ij})$として表記され，ここに時間tを加えて$X(t)=((X_{ij}(t))$と記すことができるとした。社会ネットワークの動態的な変化の過程において，個人が他者の中心度を参照しながら自らのコミットメントを修正し，その結果としてネットワークの構造が変動するモデルの妥当性を主張している。ネットワークの動態的な変化を明らかにするならば，ノードの中心性の変化とネットワークの構造の変化の両方に注意を払いながら分析することが求められるとした。

第3節　スモールワールドとネットワークにおける中心性

(1) スモールワールドについて

　組織における個人の知識の共有と活用ついて，Badaracco (1991) のようにパッケージ化された移動型知識がグループで理解される抑制条件と加速条件などの視点からの研究がある。なぜ知識を組織で共有し，活用することが重要かと言うと，Argote et al. (2000) によると，その組織の持続性に関係するからである。Lin (2001) が指摘するように，より開かれた外部知識のリソースの導入のためには，個人が社会ネットワークを通じて知識のリソースにアクセスしなければならない。Aldrich and Zimmer (1986) をはじめとして，社会ネットワークは自社にないリソースにアクセスして，取引コストの低減，海外市場への参入，規模の経済の実現，専門的知識や能力を社内に根づかせる等のメリットを生むための戦略的アライアンスとして捉える研究が多くなされてきた[7]。

　March (1991) は組織学習の観点から「探索 (Exploration)」と「深化 (Exploitation)」の概念を挙げた。March (1991) によると組織学習においては知識の「探索」と「深化」の最適なバランスが重要であるとされる。知識の「探索」には多様性の追求，リスク負担，実験，柔軟性の維持，急進的な学習などの要素が含まれる。一方で，知識の「深化」には改善，手直しや標準化，スピードアップ，コスト削減，漸進的学習などの要素が含まれる。椙山 (2001) は知識の「深化」に関して，知識を取り込む独自のプロセスを構築することによって競争優位性を獲得されるとする。鈴木 (2008) は知識の「探索」を妨げると考えられてきた積み上げ的な「深化」は，新しい知識の生成段階ではむしろ必要であるとする見解を示した。

　Smith and Powell (2004) は社会ネットワークの構築過程において「探索」的に関係する個人がどのようにして知識のリソースにアクセスするかについて着目した。児玉 (2010) は，不確実性が高い状況下で新たな課題を解決する場合には，隣接する個人が緊密なネットワーク関係を構築しつつ，組織全体で知

識を効率的に活用するスモールワールド・ネットワークの形態になることが望ましいとしている。Uzii and Spiro (2005) によるとスモールワールド・ネットワークは，ノード間の相互作用である創造性や協同作業，コミュニケーションに有益な役割を果たすとされる。スモールワールド・ネットワークはエンターテイメント産業や文化産業，メディア産業などのソフトな資源の活用を目的とするネットワーク研究の中心的概念である[8]。Uzii and Spiro (2005) による 1945 年から 1989 年に上演された 474 のブロードウェイ・ミュージカルの複雑な制作者間の協同関係と商業的成功の関係についての研究では，商業的成功に最適な条件は，制作者間の協同関係（反復的紐帯数）が中庸のバランスの場合であることを実証している。Stark and Verdes (2006) は凝集的紐帯が活用型学習に優れ，同質化を展開しやすく，高い実行能力を持つネットワークを作ることが可能であるとしている。では，スモールワールド・ネットワークは，どのような指標で特定していけばいいのだろうか。Watts and Strogatz (1998) の研究では，平均経路長（Path Length）とクラスター係数（Clustering Coefficient）を同時に観察する必要があるとされる。Milgram (1967) や Watts & Strogatz (1998)，Uzii and Spiro (2005) によるとネットワークにおける 2 点のノード間の距離の平均値である平均経路長と隣接するノードが接続している割合を示すクラスター係数に関しては，短い平均経路長と高いクラスター係数という 2 つの指標を同時に合わせ持てば活用型学習に優れ，業績をあげやすいスモールワールド・ネットワークが構成されていると考えられる。

(2) 社会ネットワークにおける中心性

若林（2009a，249 ページ）によると「ネットワークの中心にいる行為者は，そのネットワークで重要な行為者である」とされる。社会ネットワークの構造と特性に関する研究では，中心的役割のノードを特定するための指標である中心性が議論されてきた[9]。各ノードの結合関係を示すネットワーク中心性には，次数中心性，媒介中心性，近接中心性，情報中心性，ボナチッチ中心性など複数の種類がある。まず，最も代表的な次数中心性はノードから出ていく次数によって情報発信力を推定することができる[10]。次数とはノードをひとつの点としてみた時に，何本の線が接続しているのかを示しており，情報伝達経路

の中心は誰かを考える際に有効である。

　媒介中心性は，あるノードが全ノード間の最短経路中に幾つ含まれるかを示しており，効率的に知識を共有する際に中心的な役割を果たすノードを特定する。ノードが他のノードとの関係をどのように媒介しているのかを示す媒介中心性は核コアパーソンが誰であるかを分析する場合に有効であるとされる[11]。

　近接中心性は，他のノードに対して，影響を与えやすいノードを抽出することが可能とされている。あるノードが他のノードと距離的に近ければ，相互作用を起こしやすいと考えられる[12]。この近接中心性の数値は小さいほどその中心性が高いとされる。近接中心性はネットワーク全体の影響を考慮しており，ネットワークにおける，あるノードによる他のノードへの影響力や相互作用についての示唆が得られるため，知識の組織化という分析に相応しい[13]。

　情報中心性とは，ノードが保持する全紐帯がもつ情報量の多寡，隣接するノードとの関係を荷重して測定される[14]。ボナチッチ中心性は，中心性をパワーと考える。あるノードの中心性は結合するノードの中心性に比例すると考えられ，銀行の企業間ネットワークの支配構造の解明の研究で使用された[15]。

　社会ネットワークでの知識移転や知識の再創造に対して，これらの中心性の指標は各個人の役割を推定する指標になり得る。本研究は社会ネットワークにおいて誰が中心的な立場であるかに関して，媒介中心性や近接中心性などの指標を参照する。その指標に基づいて社会ネットワークの構造を明らかにする。また，活用型学習に優れ，業績をあげやすいスモールワールド・ネットワークが構成されているか否かを判断するためには，ノード間の短い平均経路長と高いクラスター係数という2つの指標を調べることが必要である。

第4節　小　括

　本章では社会ネットワークに関する既存研究，特に「社会的関係資本（Social Capital）」と知識の関係に焦点を当ててきた。本研究と関連するのは社会ネットワークを動態的に捉えるという分析視点である。それは外部知識のリソースの導入のために個人が社会ネットワークを通じて知識のリソースにどのように

アクセスしたかを明らかにすることである。

　先述したように社会ネットワーク分析によってネットワークの構造特性を把握し，そして個人の行為の結果である特定のイベントの発生を説明するプロセスを提示することにある。このような社会ネットワーク分析に課題も残されており，それに対する配慮も必要である。第1には社会ネットワークにおけるインタラクションの時間と頻度に対してどのように配慮をするべきかということである。第2に社会ネットワーク分析において，情報や知識が流れる経路は示されるが，実際にそこに情報や知識がながれているかどうかは推測であり，それ自体を観察することはできないと指摘されている。組織化された知識に関しては電子メールのみでなく，会議や打ち合わせなど議事録のようなコミュニケーションの記録を複合的に検討する必要が生じる。続く第4章ではこれらの課題を踏まえて，実証編の分析の枠組みについて説明をする。

注
1　Social Capital（ソーシャル・キャピタル）の訳語として社会的関係資本と社会関係資本が使われる。両概念の意味に違いはない。本研究では金光（2003）に合わせて社会的関係資本に統一した。
2　若林（2009a, 2009b）
3　Burt（1995, 2004），Uzzi（1997），Lin（1999），Adler and Kwon（2002），若林（2009a）。
4　安田（1997），Diesner and Carley（2003），Bulkley and Alstyne（2006），安田・鳥山（2007）。
5　安田（1997），金光（2003）。
6　神吉ほか（2009）。
7　他に Jarillo（1988），Inkpen（1996），石井（2003），Inkpen and Tsang（2005），若林（2009a, 2009b）などがある。
8　他に Milgram（1967），Soda et al.（2004）などの研究がある。
9　Wasserman and Faust（1994），安田（1997），金光（2003），Hansen, Shneiderman and Smith（2011），牛丸（2014）。
10　安田（1997）。
11　安田（1997）。
12　Ussi and Spiro（2005），若林（2009a）。
13　Wasserman and Faust（1994），Ussi and Spiro（2005）。
14　安田（2001）。
15　金光（2003）。

第4章
分析視点

　第1章，第2章，第3章において本研究に関連する先行研究をレビューしてきた。本章では関連する先行研究を踏まえて，第5章以降の事例研究を中心とする実証編の分析視点を示し，各章との関係について整理する。

第1節　広告会社のサービス行為と専門的知識

(1) 広告会社のサービス行為の特性

　本研究の第1の分析視点は専門的サービス企業である広告会社の知識を明らかにすることである。先述したように個人向けサービスや法人顧客向けサービスなどサービス産業は多様である。専門的サービス企業は知的労働によって創造された新しい価値を組織内外の顧客に提供する知識仲介者（Knowledge Broker）という役割を担っている（Hargadon, 1998；西井，2013）。その知識仲介者（Knowledge Broker）の代表的な専門的サービス企業である広告会社とはサービスが提供されるプロセスや，顧客とのコンタクトにおいて特徴が見られる。そもそも広告会社は広告代理店とも呼ばれており，知識仲介者として知識をある場所から他の場所に移すことを主要な業務としており，広告主のマーケティング課題のソリューションの提案や実施を担当する。知識仲介者（Knowledge Broker）である広告会社は，多種多様な広告主やメディアと関係し，自然に幅広い産業にアクセスしながら，産業内に存在している知識を獲得する機会に恵まれている。広告会社にとって多様性に富む企業間関係とそこに埋め込まれた知識は重要な経営資産である。その経営資産でもある知識はLovelock and Wright（1999）による4分類のひとつである「メンタルな刺激を与えるプロセス（Mental-Stimulus-Processing）」をもつサービス行為に活用される。これは顧客の心，精神，頭脳に向けられる無形のサービス行為であ

る。

　広告会社のサービス行為には，広告主との企業間取引的（B to B）な「助言型サービス」と広告主の顧客（消費者）に対するマーケティング業務（B to C）の「支援型サービス」のふたつのサービス行為が同時並行で提供される。そのような二元的なサービス行為を提供するために必要となる専門的知識の特性について検討することが必要である。

⑵　広告会社の知識の特性

　専門的サービス企業である広告会社の経営資産は専門的知識であり，広告会社は知識集約型企業である。専門的知識は広告主に適切な助言をするための経営コンサルティング的な専門的知識と消費者に対するコミュニケーション施策を実行するための専門的知識から構成されている。広告会社の知識は以下の2つの側面から，その特性を検討する必要がある。

　第1には，実務に沿った知識体系（Body of Knowledge）であり，専門的サービス業である広告会社の知識を議論するためには，広告主へのサービス提供に求められる各機能について必要十分な知識を網羅すべきである。これは，実務に沿った知識のマニュアルを作成するイメージに近い。これまで，専門的サービス業である広告会社の知識特性を実務に沿った知識体系（Body of Knowledge）として分析対象にした研究は少ない。

　広告会社の機能は，Aaker and Mayers（1995）によると「クリエイティブ・サービス」・「マーケティング・サービス」・「クライアント・サービス」の3つのグループが存在しているとされる。これらの機能は知識仲介者（Knowledge Broker）として必要なものである。この3つの機能を田中（2011）は① 営業部門，② 媒体部門，③ クリエイティブ制作部門，④ アカウント・プラニング部門，⑤ セールス・プロモーション（SP）部門の5部門に細分化した。これらの広告会社の各部門はそのサービス行為に必要とされる専門的知識が必要になる。例えば，広告コミュニケーションのデジタル化は広告会社のビジネスモデルとしての新たな機能や知識に大きく影響する要因である。デジタル広告市場の成長に対応すべく，広告会社では部門の再編成や「デジタル」に対する知識の強化が積極的になされている。このようなデジタル化と並ぶ重要な要因

が，マーケティングのグローバル化である。Kotler, Kartajaya and Setiawan (2010) の提唱する「マーケティング3.0」はグローバル化の時代を強く意識しており，その特徴とされる価値主導のマーケティングを実践するためには，広告会社の知識も環境変化に適合しなければならない。

第2節　知識移転・知識の再創造

　本研究の第2の分析視点は専門的サービス企業である広告会社の知識移転・知識創造のプロセスを明らかにすることである。金綱（2009）は多国籍企業の国際知識移転の研究において知識をマニュアル型知識と非マニュアル型知識に分類している（図4-1，参照）。

　マニュアル型知識とは文字通り，すでに活用されマニュアル化された知識を指している。一方で，非マニュアル型知識とは問題や課題が発生するプロセスにおいて創出される知識を指している。特に，非マニュアル型知識が創出される場合には，現地で解決策を発見するのが知識の受け手ではなく，知識の送り手である場合も想定される。国境を越える知識移転では誰と誰が，どのように知識移転を行うかによってオペレーションの成果が変わることが想定される。

　国際知識移転に関してはSzulanski（2000）が提示した① 手続き（Initiation），

図4-1　マニュアル型知識と非マニュアル型知識の移転

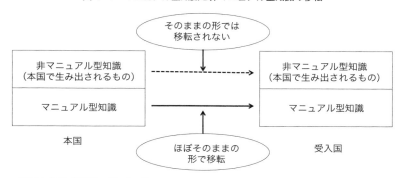

出所：金綱（2009），49ページ。

②実施・履行（Implementation），③強化（Ramp-up），④統合（Integration）の4つのステージ（段階）から構成される知識移転プロセスやVon Krogh, Ichijo and Nonaka（2000）によって，組織全体での知識の共有に関係する最後のステップである「ローカル・ナレッジのグローバル化」で①「ローカル化のきっかけ作り（Triggering）」，②「知識のパッケージ化および移転（Packaging and Dispatching）」から③「ローカルの状況にあわせて再創造（Re-Creating）」という組織全体での知識移転・創造のフローが示された。ここで重要になるのは，まず暗黙知と形式知のパッケージ化をおこない，ローカルの状況に適合させて知識を再創造する点である。本研究の国境を越える知識移転の分析枠組みとして，唐沢（2014）が示した広告会社の国際知識移転と創造の4つのステージからなる移転プロセスを使用する（図4-2，参照）。

知識の国際移転には，本社から現地子会社へというような知識の送り手と受け手の存在がある。Nonaka and Takeuchi（1995）は，社会的相互作用を通じて外部の利害関係者の知識を活用する必要性について言及している。すなわち，外部世界との知識ネットワークを構築することが不確実な経済状況において企業がグローバル化するためには不可避であると主張している。国際知識移転および知識の創造は，組織の内部のみならず，外部の利害関係者との社会ネットワークと深く関係している。次節において，知識と社会ネットワークの観点から先行研究を検討し分析視点を導き出す。

図4-2　知識移転と再創造のプロセス

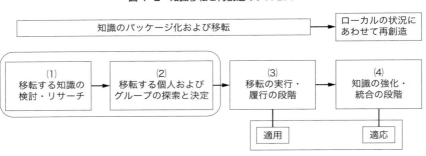

出所：唐沢（2014），208ページ。

第3節　社会ネットワーク

(1) 知識の共有・活用の経路としての社会ネットワーク

　本研究の第3の分析視点は，知識と社会ネットワークの関係を明らかにすることである。

　知識は社会的なネットワークやグループとの関係を通じて得られる資産であると言える。金光（2003）は個人・集団・企業が資源として社会ネットワークを動員することによって，利益を得るような「協同的知識資本」という概念は社会ネットワークに埋め込まれた資源へのアクセスとその活用を検討している。Badaracco（1991）はパッケージ化された移動型知識が国境を越えて個人またはグループで理解され，把握される抑制条件と加速条件などの研究は「知識の連鎖（Knowledge Link）」として「知識のグローバル化」の実態を明らかにした。Badaracco（1991）によると知識と能力が密着する関係は組織内にあるのではなく，企業と社外組織の相互の緊密な関係（Close relationships）に存在しているとした。個人の知識が組織レベルにおいて共有し，活用される相互の関係性が社会ネットワークである。より開かれた外部知識のリソースを取り込む知識の導入と吸収のためには，Lin（2001）が指摘しているように，個人が社会的なネットワークを通じて知識にアクセスし，その共有・活用に積極的になる必要がある。社会ネットワークは組織の枠組みを越えた知識の経路になる。

　社会ネットワークに関してはGranovetter（1973）の「弱い紐帯」の強さに代表される「開放型のネットワーク」とKrackhardt（1992）の「友人関係を基盤とした強い紐帯」の重要性に代表される「閉鎖型のネットワーク」の2つのタイプが存在している。組織が知識を相互にやり取りしながら目的を実現していくためには，新しい情報や知識，機会を探索して，獲得するのに効果的であるとされる「開放型のネットワーク」または組織への帰属意識が高まり，内部知識の保存，維持，共有，再生産に適している「閉鎖型のネットワーク」をどのように構成しながら，誰がどのような役割を果たしながら，知識の共有や

創造を行うのかを考察する必要がある。本研究の「協同的知識資本」と社会ネットワークを関連づけるアプローチは，Nonaka and Takeuchi（1995），野中・竹内（1996）や野中・紺野（1999）による組織的知識創造理論（SECIプロセス）や野中・遠山・紺野（1999）・野中・紺野（2003）による知識を適時適所で活用するための「場（Ba）」の概念では明らかにされなかった個人の知識が集団や組織レベルへと共有されていくプロセスの全体像を提示することが可能になる。

(2) 社会ネットワーク分析の課題

ネットワークの構造や特性を明らかにするのが，社会ネットワーク分析である。社会ネットワーク分析の意図は，ネットワークの構造特性を把握し，そして個人の行為の結果である特定のイベントの発生を説明するプロセスを提示することにある[1]。さらに，非公式組織の発見もあるとされ，その関係をあぶりだすことでもある[2]。社会ネットワークの構造と特性を明らかにするためにスモールワールドが構成されているか否かという視点から検討する。また，誰が中心的な役割を担っているのかについて，媒介中心性や近接中心性を使い個人のネットワーク全体への影響とその時系列的な変化を示す。本研究では社会ネットワークが時間の経過に従ってどのような構造変化をするのか動態的な分析を試みる。誰と誰がどのようにつながるのかをネットワーク・ダイナミクスという視点で捉える。

第4節　分析視点と各章の関係

第1章で述べたように本研究の目的は，国境を越えて実施される広告キャンペーンやイベントのためのプロジェクト組織による社会ネットワークが専門的知識の国際移転や知識の再創造にいかなる役割を果たすのかを明らかにすることである。そこで，まず専門的サービス業である広告会社の知識特性とはいかなるものであるかを明らかにする。専門的サービス業である広告会社の知識を議論するためには，広告主へのサービス提供に求められる各機能について必要

十分な知識を網羅する必要がある。それは実務に沿った知識体系（Body of Knowledge）を深掘りすることと同義である。

　次に，日系広告会社が広告主のグローバル化に対応すべく，専門的知識を海外市場で共有し，活用することが求められていることは先に触れた通りである。本研究はその点に着目して，広告会社の専門的知識がどのようなプロセスを経て国境を越えて移転されるのかについて議論をする。国境を越えて展開される企業のマーケティング活動においては，単純な知識移転では対応できないケースもあり，移転された知識の現地適合化（Local Adaptation）が求められる。そして，知識移転された後に生じる現地適合化（Local Adaptation）が国境を越える知識創造へと連続していくのである。国境を越える知識創造では「統合性と多様性」や「効率と効果」という二律背反する概念を調整することによって実現される。国境を越える知識創造においては，本社への還元と現地における最適化という2つのベクトルが存在する。これらを実現するためには，広告主や協力会社などの外部組織も取り込んだネットワークを構成していくことが重要である。本研究では，事例による広告会社による専門的知識のリソースへのアクセスや創造を可能にする基盤としての動態的な社会ネットワークの役割を検討する。洞口（2009）が指摘しているように，日本企業はグループレベルでの知識創造が得意であり，異なる業種・組織に属する人々による直接的な協同作業により生まれる集合知の概念とも関係している。

　本研究の方法論について説明する。国境を越えて展開されるプロジェクト組織においてやり取りされた電子メールを使い，動態的な社会ネットワークの変化を示すために30日間をひとつのフェーズとして捉えている。その各フェーズにおいて移転されたり，再創造されたりする知識体系（Body of Knowledge）を議事録や電子メールのテキストデータを使ったテキストマイニングを行う。またそのテキストマイニングの結果を補足的ではあるが，確認するためにプロジェクトの主要な関係者への聞き取り調査を実施した。それにより，日系広告会社による専門的知識を国際移転し，知識を再創造するプロセスを提示する。ここで，本研究の各章と分析テーマ・方法に関して図4-3に示す。

図4-3 本研究の各章と分析テーマ・方法について（実証編）

	専門的サービス業である広告会社の知識特性	
第5章	広告会社における知識の類型化 ●知識体系（Body of Knowledge） ●サービス全般に対応する汎用的知識（Generic Knowledge） ●部門別知識（Domain-Specific Knowledge）	調査方法 ●聞き取り調査 ●テキストマイニング

	広告会社の国際知識と再創造	
第6章	①国境を越える知識移転 ●本社＝現地拠点（中国）間の知識移転のプロセスにおける「適用」と「適応」	調査方法 ●聞き取り調査
第7章	②ネットワークにおけるマーケティング知識の国際移転分析 ●国際見本市におけるオペレーションの改善 ●技術的・専門的な知識を持つノードの影響力	調査方法 ●社会ネットワーク分析 ●テキストマイニング
第8章	③マーケティング知識の国際移転における広告会社の役割 ●知識を媒介する頻度を示す指標である媒介中心性 ●平均経路長および平均クラスター係数	調査方法 ●社会ネットワーク分析 ●テキストマイニング ●聞き取り調査
第9章	④広告会社における国際知識移転と再創造 ●知識のパッケージ化 ●プロジェクト組織における知識再創造のメカニズム そのまま使用する「適用」か，再創造する「適応」か	調査方法 ●社会ネットワーク分析 ●テキストマイニング ●聞き取り調査
第10章	結論と今後の研究課題 ●専門的サービス業である広告会社の知識特性 ●国際知識移転・知識再創造のメカニズムと社会ネットワーク	

出所：筆者作成。

注
1　安田（1997），金光（2003）。
2　神吉ほか（2009）。

第5章
広告会社における知識の類型化

第1節　はじめに

　本章の目的は専門的サービス業である広告会社の知識について，類型化することである。具体的には日系広告会社アサツーディ・ケイ（ADK）を対象にして，専門的サービス業がどのような知識を集約するのかを明らかにする。このような研究の背景には，現代の企業活動において，グローバル化と情報技術の発達によるデジタルマーケティングが経営課題となり，効率的に専門的知識を活用することが不可欠になったことが挙げられる。先述したようにKotler, Kartajaya and Setiawan (2010) はこのような時代，企業の提供する価値を消費者に共感してもらうことが必要であると主張している。そのためには商品やサービスの顧客価値を高め，業績を伸ばすための戦略提案をしてくれる専門的サービス企業である経営コンサルティングや，戦略提案を消費者が共感するメッセージに変換しコミュニケーション・プログラムとして実行してくれる広告会社が必要となる。すでにアメリカではデロイトやアクセンチュアなどの経営コンサルティングがデジタル系の広告会社を買収することで，デジタルマーケティングの戦略提案から実施を一貫して提供する体制を構築して業績をあげている。すなわち専門的サービス業の垂直統合ともいえる現象が起こっているのである。そこで，専門的サービス業である広告会社の知識について改めてどのようなものかを明らかにし，それらを類型化しておくことは学術的にも実務的にも有用であろう。

　本章の構成は以下の通りである。第1節では，本章における研究の目的と背景について説明する。第2節では，実践知や専門的サービス企業におけるサービス行為および広告会社の職能に関する事例研究として日系広告会社ADKを

対象とする聞き取り調査の結果について記述する。第3節では，専門的サービス企業である広告会社の知識の類型化について考察をおこなう。第4節では本章の意義と課題についてまとめる。

第2節　事例研究

(1) 聞き取り調査の目的

　広告に関する業務のなかで広告主の課題に対して効果的なソリューションを提供できるかどうかは特定の領域内の構造化された専門的知識によるところが大きい。その専門的知識とは広告実務の現場において創造され，共有される個人的，組織的な実践知である。では，どのような領域で，どのような専門的知識が必要とされているのか。また汎用的な知識はどのように関係しているのか。本章は，これらの問題意識に対して実務家に聞き取り調査を実施し，専門的サービス業である広告会社の知識を類型化することを目的としている。

(2) 調査方法

　聞き取り調査を実施するにあたり調査協力者の選定を行う必要がある。本章では先行研究を踏まえて，図1-3で示されたMaister (1993)の専門的サービス企業のシニア・ミドル・ジュニアのプロフェッショナルの職務レベルと図1-5で示された田中 (2012)の広告会社における①営業部門，②媒体部門，③クリエイティブ制作部門，④アカウント・プラニング部門，⑤セールス・プロモーション (SP) 部門からなる5つの職能別部門を組み合わせて，調査協力者を選定した。5つの職能別部門においてシニア・ミドル・ジュニアを各2名，合計30名に対して聞き取り調査を行う。調査協力者は可能な限り，同一広告主の担当チームの関係者から選択するように留意した。

　Maister (1993)は経営コンサルティングにおけるシニア・ミドル・ジュニアの各職能について，シニアはマーケティングとクライアントに対応する「見つけ役 (the finder)」，ミドルはプロジェクトの日常的監督と調整を行う「目付け役 (the minders)」，ジュニアは，各業務遂行の責任を負う「こなし役

(the grinders)」と定義した。本章でも，シニア・ミドル・ジュニアの基準については，この Maister（1993）の定義を採用する。このような基準で対象者をカテゴライズすることで，職能別部門の知識のみならず，経験による知識の違いについても検討することが可能になる。

聞き取り調査の質問項目については，以下のような内容を事前に用意したが，ある程度，自由に発言してもらうため 質的アプローチによる半構造化インタビューを行った。実施時期は，2016 年 7 月および 8 月の 2 ヶ月間である。場所は東京都内（港区）である。個別の聞き取り時間は 1 回 90 分程度を設定し，調査協力者の許可を得て録音した。その内容を文字原稿に起こす作業を行った。原稿は調査対象者に校正を依頼し，校正を反映させた内容を結果として提示する。聞き取り調査の質問項目については以下の通りである。

① 氏名・所属・役職・年齢・性別・入社年数（前職があれば，それに関しても記載する）
② 主な担当業務について（担当する広告主名・プロジェクト内容など）
③ 専門的知識について
・知識特性：「担当する業務においてどのような専門的知識が必要ですか」
・知識獲得のプロセス：「必要とされる専門的知識はどのようにして，獲得できましたか」
・知識共有プロセス：「専門的知識は社内（同僚や部下）や社外と共有していますか」

(3) 聞き取り調査対象者の属性

表 5-1 に聞き取り調査の協力者 30 名についての属性を整理した。これらの調査対象者が勤務するアサツーディ・ケイ（ADK）（本社東京都港区）は，『ADK50 年史』（2007）によると 1999 年 1 月に業界第 3 位の旭通信社と業界第 7 位の第一企画が合併し，株式会社アサツーディ・ケイ（ADK）として発足した電通，博報堂 DY グループに次ぐ国内第 3 位の広告会社である。2015 年度の売上高はグループ連結で 3519 億円，従業員数は 1853 人である[1]。

調査対象者の氏名に関しては，個人情報にも配慮してイニシャルで記載した。

表 5-1 調査協力者の属性

	氏名	役職	年齢	性別	入社年数	担当広告主・(前職) など	
① 営業部門							
1	T.E	アカウント・スーパーバイザー	55	男性	32年	自動車メーカー・時計メーカー等担当	シニア
2	T.K	アカウント・スーパーバイザー	50	男性	28年	自動車メーカー・時計メーカー等担当	シニア
3	A.M	アカウント・エグゼクティブ	34	女性	10年	外資系ファッションブランド・食品メーカー(他広告会社)	ミドル
4	H.Y	アカウント・エグゼクティブ	35	男性	14年	タイヤメーカー・時計メーカー等担当	ミドル
5	M.Y	営業アシスタント	29	女性	8年	電機・トラックメーカー・時計メーカー担当	ジュニア
6	A.Y	営業アシスタント	24	女性	4年	電機・トラックメーカー・時計メーカー担当	ジュニア
② 媒体部門							
7	A.T	シニア・メディアプランナー	55	男性	33年	テレビ媒体担当	シニア
8	K.I	シニア・メディアプランナー	48	男性	25年	テレビ媒体担当・(営業部門化粧品メーカー担当)	シニア
9	K.T	メディアプランナー(局担当)	38	男性	16年	テレビ媒体東京キー局担当	ミドル
10	T.K	メディアプランナー(局担当)	40	女性	18年	テレビ媒体東京キー局担当	ミドル
11	K.O	メディアプランナー	28	男性	6年	テレビ媒体担当	ジュニア
12	M.M	メディアプランナー	29	女性	5年	テレビ媒体担当(PR会社)	ジュニア
③ クリエイティブ制作部門							
13	S.F	局長	55	男性	32年	自動車・タイヤメーカー・オンラインゲーム等担当	シニア
14	K.O	クリエイティブ・ディレクター	54	女性	20年	自動車・商業車メーカー等、外資系消費材(制作会社)	シニア
15	S.W	CMプランナー	43	男性	21年	化粧品・農林水産省・自動車・ゲームメーカー等	ミドル
16	Y.K	アート・ディレクター	40	女性	18年	飲料メーカー・自動車・時計等(制作会社)	ミドル
17	M.I	コピーライター	30	女性	8年	飲料メーカー・自動車・時計等	ジュニア
18	M.O	アシスタント・プロデューサー	27	男性	5年	ゲームメーカー・化粧品・食品メーカー等	ジュニア
④ アカウント・プラニング部門							
19	T.N	局長・シニア戦略プランナー	51	男性	26年	タイヤメーカー・自動車等担当 (他広告会社)	シニア
20	T.Y	シニア戦略プランナー	48	男性	25年	消費材・化粧品・等、中国駐在経験あり	シニア
21	M.M	戦略プランナー(グループ長)	44	女性	22年	自動車、時計、アニメコンテンツ、	ミドル
22	T.K	戦略プランナー(グループ長)	44	女性	20年	ゲームメーカー・化粧品・食品メーカー等	ミドル
23	R.A	戦略プランナー	30	男性	8年	自動車、時計、アニメコンテンツ、経済産業省	ジュニア
24	N.Y	戦略プランナー	26	男性	5年	アパレルメーカー (他広告会社)	ジュニア
⑤ セールス・プロモーション(SP)部門							
25	M.O	局長・シニア・プロデューサー	55	男性	28年	自動車、国際見本市、欧州での海外駐在	シニア
26	M.K	シニア・プロデューサー	54	男性	27年	電機、時計国際見本市、発表会、新興国市場担当	シニア
27	Y.K	プロデューサー	50	男性	20年	電機、時計、国際見本市、発表会、欧州市場担当	ミドル
28	R.K	プロデューサー	40	女性	18年	自動車、化学、時計、国際見本市、発表会、中国担当	ミドル
29	R.A	ディレクター	30	男性	8年	自動車、時計、国際見本市、発表会、欧州市場担当	ジュニア
30	Y.M	ディレクター	29	女性	5年	時計、音楽コンテンツ、国際見本市、発表会	ジュニア

出所:筆者作成。

第3節 聞き取り調査の結果

　本章の目的は，専門的サービス業である広告会社の知識について，実務に携わる対象者への聞き取り調査から考察し，類型化することであった。以下，各発見事実について，聞き取り調査の結果を踏まえて詳述する。

(1) 5つの職能別部門の調査結果

　知識特性に関する「担当する業務においてどのような専門的知識が必要ですか」という各部門のサービス行為に関連した知識として得られた回答をまとめると，以下の通りである。

　記述された聞き取り調査の回答において，「広告主」と「クライアント」が混在しているが同義語である。

①営業部門

　広告主と社内のスタッフ部門との関係構築に関する知識（スキル）が中心である。特に，広告主の意思決定者との信頼関係，広告主の抱える問題の把握に関する知識が重視されていた。

営業部門－1．アカウント・スーパーバイザー（シニア）
　「広告主のことをよく知ることが必要です。企業文化や歴史，経営ビジョン，製品や競合関係などは詳しく理解する必要があります。また，広告主の意思決定は誰が，どのようにするのかを知っておくことは重要です」

営業部門－4．アカウント・エグゼクティブ（ミドル）
　「クライアントが求めている以上の成果を出すには，社内のスタッフィングがすべてです。最適なスタッフは誰かという社内人材の知識が必要です」

営業部門－2．アカウント・スーパーバイザー（シニア）

「クライアントが何を問題意識としているか，それを社内・社外のスタッフに正確に伝える論理的な思考やノウハウが必要です」

「営業には，広告主が提供されるサービスとその対価に納得してもらうことが必要です。それは，自分たちの提供価値を高く買ってもらうことです。信頼関係の基になる説明責任をしっかり果たすための知識は重要だと思います」

営業部門－3．アカウント・エグゼクティブ（ミドル）
　「広告主によって関連する規制が違います。化粧品ならば薬事法などは知識として必要ですし，キャンペーンを実施するには景品表示法を理解している必要があります。広告主に請求書を出すのも営業の仕事なので，経理・法務・税務に関する知識も必要です」

営業部門－4．アカウント・エグゼクティブ（ミドル）
　「広告出稿に関しては，各媒体社の考査の基準は知識として必要です。また，広告原稿の入稿の基準や印刷知識がないと媒体社に迷惑をかけます。最近は，デジタルの入稿ガイドラインを遵守して作業を進めることが基本です」

営業部門－5．営業アシスタント（ジュニア）
　「担当するクライアントについては，業界紙の記者など外部専門家と勉強会を開いて，業界の状況や専門用語などについて知識を得るようにしています」

　営業部門の専門的知識は社内スタッフをまとめていくための知識である。担当チームをマネジメントするための暗黙知的な知識もあれば，広告制作に関係する規定のような形式知として整理されている知識もある。広告を世に送り出すための規制，法律の知識や請求をおこなうための経理，税務などの知識も必須である。

② 媒体部門
　担当する媒体に関しての基本的な知識に加えて，媒体社の企画内容をいち早

く入手し，営業担当者と共有して広告主に企画提案するというサービス行為のための知識である。これは，外部から得た情報を社内に対して価値変換するための知識である。

媒体部門－7．テレビ局長（シニア）
　「広告会社におけるメディアバイヤーの仕事は，媒体社から広告枠の仕入れ・買い付けを行う職業です。また単に仕入れだけでなく，効果的なメディアの発掘，媒体社との価格交渉，媒体社と広告枠の共同開発といったことも仕事に含まれます。そのためには，テレビ局の編成部にまで食い込んで情報を仕入れたり，無理な依頼をねじ込んだりしなくてはいけないので，局の誰に話をすればいいかという知識がないと仕事になりません。媒体社との人的ネットワークの知識が非常に重要です」

媒体部門－8．シニア・メディアプランナー（シニア）
　「タイム（番組提供枠）に関してはクライアントに，その番組提供がターゲット層へのアプローチに有効なのかを論理的に説明するための知識が必要です。競合他社の動向なども知識として必要です」

媒体部門－9．メディアプランナー（局担当）（ミドル）
　「メディアバイイングは，業界や商品に関する幅広い知識，更に最新情報をいち早く仕入れる為のネットワーク構築等，かなり専門的な知識と経験を要します。独特の媒体社特有の商取引や符牒を持った言葉などの知識を覚えることから始まります」

　媒体部門の専門的知識は，広告会社の収益源であるメディアの仕入れに関するものである。媒体部門には新入社員から配属して，媒体社の専任担当（紙担，局担と呼ばれる）として，媒体社と同一歩調で歩かせ，媒体社の特徴や傾向について時間をかけて習得していく。

③クリエイティブ制作部門

広告戦略に基づいて，広告主にクリエイティブ企画提案するというサービス行為の知識である。広告主の意図や目的にそったアイデア開発をいかに行うかが重要である。

クリエイティブ制作部門－14．クリエイティブ・ディレクター（シニア）
「今はデジタルマーケティングの時代と言われますから，クリエイティブ開発の質も変化しています。それは，素晴らしい広告表現をつくることよりも，消費者を購入行動まで導く仕掛け的なクリエイティブ開発の知識が重視されるということです。例えば，スマートフォンのためのアプリケーション・プログラミングの知識がそれに該当します」

クリエイティブ制作部門－13．局長（シニア）
「まず何よりコンセプト開発に関する知識が必要です。コンセプトが見つかったら，次はメッセージ開発なので，広告主の要望をワンフレーズで伝えるべきメッセージに収斂させるスキルが必要です」

クリエイティブ制作部門－18．アシスタント・プロデューサー（ジュニア）
「広告作品にどのようなものがあるかは必ず，海外も含めてリサーチするようにしています。特に担当する広告主や同じ業界については，過去の作品も含めて類似のものがないかどうか，細かくチェックします」

デジタル化が広告制作の現場でも進んでいる。近年，アプリケーション開発のプログラミングの知識なども必要とされる。また，クリエイティブ制作部門では広告作品の盗用の問題に注意が払われており，類似性や著作権について事前のチェックをする方法や外部協力会社への指示に関する知識が必要とされている。

④ アカウント・プラニング部門
戦略を立案するためのデータの分析や解釈，そして論理の組み立て方の知識が必要であり，それは優れたクリエイティブ開発に示唆を与えるような創造的

な論理であることが望ましい。広告主にとっても新しい発見があるような戦略提案であることが求められ，効果的なコミュニケーションの仕掛けになるかどうかはプランナーの戦略提案に依存する部分が大きい。

アカウント・プラニング部門－19．局長・シニア戦略プランナー（シニア）
　「戦略提案には，仮説構築と検証の知識が必要です。データの定量的分析の知識と消費者のインサイトを探る定性的分析の知識が必要です。トレンドに対する知識も欠かせません。日頃からコツコツと気になる情報を集め，デジタルツールなどを活用してネタ帳をつくります。打ち合わせを活性化させるファシリテーションの知識も必要です」

アカウント・プラニング部門－21．グループ長・戦略プランナー（ミドル）
　「広告主に関する知識を可能な限り，多くインプットすることが第一歩です。そのためには広告主の現場に足を運びます。メーカーならば工場や販売店に必ず行きます。そこで製品と消費者がどう関係しているかを理解して，そこから戦略を考えます」

アカウント・プラニング部門－24．戦略プランナー（ジュニア）
　「担当が海外案件のため，対象となる地域や国の知識やノウハウ，ネットワークも必要です。そのような知識は，自分がアンテナを張り，実務の中で苦労して吸収する必要があります」

　斬新な戦略をつくりあげるアカウント・プラニング部門の知識は，経営コンサルティングに近いある領域に特化した専門家としての経験が求められる。日頃から個人レベルで情報収集し，戦略企画に活用する地道な方法がとられている。定量的分析と定性的分析の知識の両方が，戦略を練り上げる上では必要になる。それらの知識は実務を通して学習することが多い。

⑤ セールス・プロモーション（SP）部門
　イベントなどの具体的なオペレーション実施のための協力会社との人的ネッ

トワークに関する知識が非常に重要である。また，国際見本市，スポーツイベント，キャンペーンのグッズ制作やサンプリングなどの販売促進，屋外広告に精通した専門的知識である。

セールス・プロモーション（SP）部門－25．局長・シニアプロデューサー（シニア）

　「各個人が経験を積むことで，イベントや印刷物，プレミアムなどその分野のスペシャリストになり，その知識を更新していきます。マネジメントする立場としては，広告主や営業から案件が持ち込まれた時に，最適なスタッフに担当してもらうために誰が，何が得意かという知識が必要です」

セールス・プロモーション（SP）部門－27．プロデューサー（ミドル）

　「国際見本市の業務が多いです。欧州でも，アメリカでも，アジアでもどこでも対応できるようにプロダクションや施工会社とのネットワークが最も必要な知識です。イベントごとのレギュレーション，その国の商慣習なども知識として必要です」

セールス・プロモーション（SP）部門－30．ディレクター（ジュニア）

　「必要な専門的知識はイベント企画と実施に特化した知識です。運営マニュアルの作成などもそのひとつです。経験に基づく実務知識が広告主からも営業からも信頼されます」

　セールス・プロモーション（SP）部門の専門的知識は，このように細分化された業務の実施と密接に関係した知識である。店舗開発の担当チームには，一級建築士の資格を持つ社員も数人在籍している。印刷物のことならば，この人に依頼すれば間違いないということが社内でも知識として共有されている。セールス・プロモーション（SP）部門はそのような業務の専門家集団である。外部の協力会社も施工会社や印刷会社など職人的な専門会社になるため，同等の専門的知識が必要となる。

(2) 知識の獲得と共有のプロセス

　知識獲得のプロセス「必要とされる専門的知識はどのようにして，獲得できましたか」および知識共有プロセス：「専門的知識は社内（同僚や部下）や社外と共有していますか」に対する回答について以下にまとめる。

　知識獲得のプロセスについては，インフォーマルな形で，社内の上司や先輩から教えられ，業務を通して広告主や媒体社などから知識を獲得することが多い。セミナーや勉強会への参加もなされており，必要に応じて知識獲得への行動がとられている。業務で必要になった時に，各個人の判断で知識を獲得するというパターンがある。

営業部門－6．営業アシスタント（ジュニア）
　「担当したクライアントがデジタル系だったので，デジタルマーケティングについては必死で勉強しました。社内の誰が詳しいかを調べて，その人から教えてもらったりします。外部のセミナーにも通います」

媒体部門－10．メディアプランナー（局担当）（ミドル）
　「基本的な知識は社内の先輩から教えてもらう感じです。媒体社の担当者からも業務を通じて専門的知識を得ました。研修的な場で知識を得るということはないです」

クリエイティブ制作部門－17．コピーライター（ジュニア）
　「実際の担当業務をこなしながら知識を体得することが多いです。でも，それだけでは足りませんから，個人的なモチベーションによって各自で取り組んでいます。例えば，デジタル系の最新知識は制作プロダクションのスタッフと勉強会を行うこともあります」

セールス・プロモーション（SP）部門－28．プロデューサー（ミドル）
　「必要な知識は，担当業務の経験からしか得られないと思います。宣伝会議や業界のセミナーなどには出来るだけ参加するようにしています。絵画展や展覧会なども展示の方法の知識を得るには有効だと思います」

次に，知識共有のプロセスについては，部門別にデータ化されている知識とそうでない知識がある。媒体や成功事例など情報はデータ化され共有されている。サービス行為に必要な知識の共有は，局会や部会が定期的に開かれ，連絡事項と合わせて知識を共有する。

営業部門−1．アカウント・スーパーバイザー（シニア）
　「営業マニュアルのような形式知化されたものはないです。誰に相談すれば良いかというソリューション探索のための知識は，同じ広告主を担当するチーム内では共有されています」

媒体部門−7．シニア・メディアプランナー（シニア）
　「媒体情報の知識共有に関しては，基本的な情報はデータベース化されており，各自がPCの画面上で共有できるようになっています」

クリエイティブ制作部門−16．アート・ディレクター（ミドル）
　「局会などで意見交換するようなことはあります。また，本部内でベスト・プラクティスのような成功事例についてはデータ化され共有されます。新しい案件を担当するときには参考になります」

アカウント・プラニング部門−20．シニア戦略プランナー（シニア）
　「ワークショップやセミナーなどを定期的に部門単位で行っています。また，本部内でベスト・プラクティスの成功事例についてはデータ化され共有されます」

セールス・プロモーション（SP）部門−29．ディレクター（ジュニア）
　「部門内で誰が，どのような業務の専門家であるかは共有されています。その専門家に相談をすることで課題の解決の糸口は見つかります」

(3) シニア・ミドル・ジュニアの階層別知識

　シニア・ミドル・ジュニアのサービス行為による知識の違いについて説明

する。
　シニアやミドルは広告主の期待を上回る成果を提供するために，依頼された業務の背景や文脈を考えて行動しなければならない。そのためには広告主が何を求めているか，その担当者にとっての成果とは何かを十分に理解してサービスを提供する必要がある。これは各部門のシニア・ミドルに共通して求められる広告主のコンテキストを洞察するための知識である。広告会社ではミドル程度の経験を積むと，担当する業務領域に少しずつ違いや変化が見られる。例えば，媒体部門のメディアバイイングの業務においては，経験や年齢を積み重ねることによって，媒体社の担当者の職制に対応するマネジメント型と業務知識が増大して職人に近い知識を蓄積したバイイング・ネゴシエーターとなるスペシャリスト型に分かれる。

営業部門－3．アカウント・エグゼクティブ（ミドル）
　「営業とはお金と時間の管理です。広告主の予算を最大限有効に活用する知識が必要です。それはクライアントの期待値を越えた成果を提供することです。期待を越えた部分しか評価をしてもらえないと考えています」

アカウント・プラニング部門－21．戦略プランナー（グループ長）（ミドル）
　「やはり広告主に関する知識を可能な限り，多くインプットすることが第一歩です。そのためには広告主の現場に足を運びます。メーカーならば工場や販売店に何度か足を運びます。そこで製品と消費者がどう関係しているかを理解して，そこから戦略を考えていきます。足で稼いだ知識が最も説得力があると思います」
　一方，ジュニアは外部のセミナーに積極的に参加していることからも理解できるように，与えられた業務の質を高めるための知識を求めている。

営業部門－5．営業アシスタント（ジュニア）
　「担当するクライアントについては，業界紙の記者など外部専門家と勉強会を開いて，業界の状況や専門用語について知識を得るようにしています」

(4) テキストマイニングによる頻出語の共起関係

聞き取り調査で得た内容をテキストマイニングにより,広告会社が専門的サービス業として,どのような特性の知識を必要するのかを推定する。

聞き取り調査協力者の許可を得て録音し,その内容を文字原稿にしたデータを使用する。対象となる総抽出語数は10万7550語であった。テキストに含まれる内容語を抽出した。分析ツールにはKH Coderを使用した。テキストマイニング分析の設定にあたっては,集計単位を文,最小出現数を5,品詞による取捨選択を名詞・動詞・形容詞・副詞とした。

表5-2は聞き取り調査より頻出語をまとめたものである。この結果は広告会社の専門的な知識特性に関して,5つの職能別部門に共通して必要とされる実

表5-2 聞き取り調査における頻出語(名詞・動詞・形容詞・副詞)

	名詞	頻度	動詞	頻度	形容詞	頻度	副詞	頻度
1	知識	102	する	121	多い	6	特に	3
2	部門	52	ある	14	ない	6	最も	2
3	広告	50	なる	13	重要な	6	必ず	2
4	必要	35	得る	8	有効な	4	すべて	2
5	媒体	27	求める	6	問題ない	3	各自	2
6	営業	22	考える	4	いち早い	2	コツコツ	1
7	担当	21	行う	4	近い	2	何より	1
8	シニア	16	思う	4	詳しい	2	極めて	1
9	戦略	16	運ぶ	3	新しい	2	更に	1
10	業務	15	開く	3	可能な	2	実際	1
11	会社	14	教える	3	最適な	2	少し	1
12	アカウント	12	持つ	3	定性的な	2	単に	1
13	関係	11	与える	3	非常に	2	まず	2
14	プランナー	10	違う	2	細かい	1	いかに	1
15	デジタル	9	越える	2	素晴らしい	1	かなり	1
16	開発	9	含める	2	大きい	1	しっかり	1
17	セールス	8	基づく	2	幅広い	1	そう	1
18	クライアント	8	見つかる	2	望ましい	1	過去に	1
19	プロモーション	8	仕入れる	2	違いない	1	今	1
20	外部	8	出す	2	間違いない	1	最近	1

出所:筆者作成。

務に関係する知識が推定される。一方で「部門」である「営業」や「媒体」，「戦略」，「プロモーション」などの頻出する名詞も見られるため，各部門での領域に必要な専門的知識も存在することが推定される。

　さらに分析ツールKH Coderを使って，頻出語（名詞・動詞・形容詞・副詞）の共起関係を描画した（図5-1，参照）。この共起関係図より，広告会社の「知識」は「広告」や「部門」，「担当」と関係が強いことが理解できる。
　① 営業部門は「クライアント」，「媒体」，「担当」，「スタッフ」，「獲得」
　② 媒体部門は「媒体」や「メディア」や「共有」，「企画」，「提案」
　③ クリエイティブ制作部門は「制作」や「デジタル」，「開発」
　④ アカウント・プラニング部門は「プラニング」や「戦略」，「企画」，「関係」，「データ」，「分析」，「理解」
　⑤ セールス・プロモーション（SP）部門は「専門」や「業務」，「経験」
　このように広告会社の5つの各職能別部門に専門的知識の領域があることが推定される。

　聞き取り調査では，全ての部門の対象者から必要と指摘された知識も存在した。例えば，広告主の企業文化，歴史，製品，競合ブランドや意思決定のシステム，使用する用語や仕事における評価ポイントなどについて理解していなくてはならない。このような知識は主に業務で経験を通して更新されている。広告会社は，広告主と媒体社，広告主と社外の協力会社（制作プロダクションやイベント会社，PR会社等）という外部を連結するハブ的な役割を担っている。したがって，対人コミュニケーションに関する知識（スキル）はどの部門においても極めて重要である。

　また近年，デジタル化が進む広告ビジネスでは，デジタルマーケティングに関する基礎的な知識はすべての部門において必要とされている。SNS（ソーシャル・ネットワーク）を使ったコミュニケーション戦略が展開される事例が増えていることから，特にその活用方法に関する知識は部門に関係なく必要とされる。

80　第5章　広告会社における知識の類型化

図5-1　聞き取り調査における頻出語の共起関係図

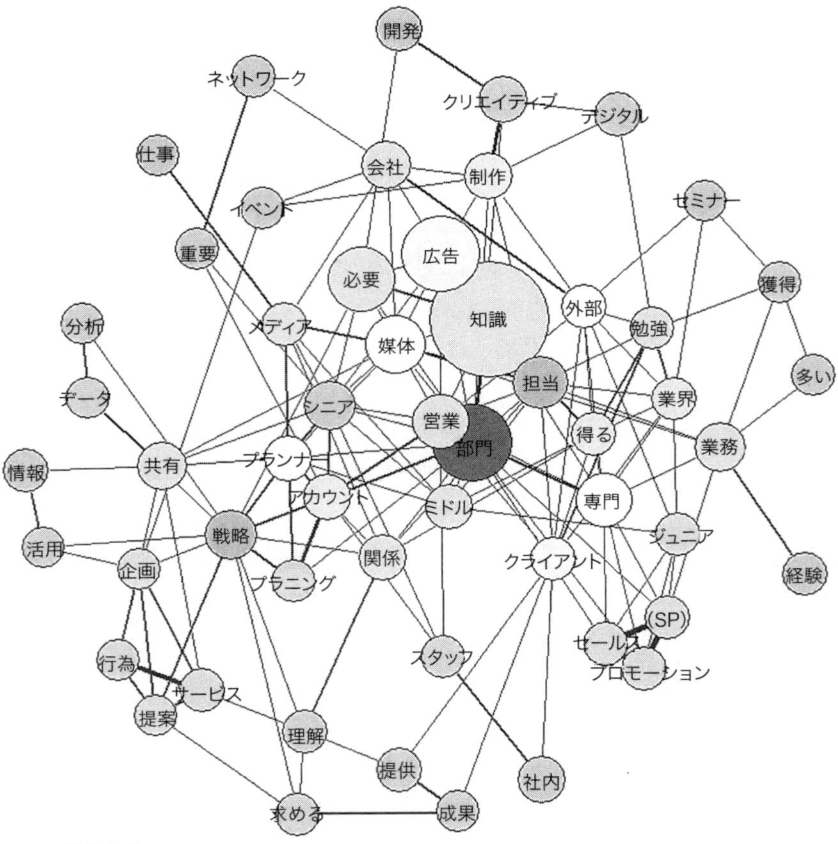

出所：筆者作成。

第4節　考　察

　聞き取り調査とテキストマイニングによる発見事実から考察を行う。
　第1に専門的サービス業である広告会社の知識には，サービス全般に対応する汎用的知識（Generic Knowledge）がある。汎用的知識とは認知科学でも使用される用語であり，経験を基に獲得される知識であり，オペレーションを円

滑に行うための基礎となる知識と捉えられる[2]。

　第2に部門別に必要とされる部門別知識（Domain-Specific Knowledge）がある。部門別知識は担当業務の経験が直接的に影響する実践知そのものである。各ステーク・ホルダー（利害関係者）から学習することが多い専門的知識である。部門別知識（Domain-Specific Knowledge）は認知科学における情報処理機能の研究において使われている[3]。専門領域の構造化された知識をいかに効率的に活用するかがテーマとなっている。Tell et al.（2017，24ページ）によると部門別知識（Domain-Specific Knowledge）は科学や技術，職能などの知識をベースにするコミュニティにおける知識であるとされる。また部門別知識（Domain-Specific Knowledge）を判別するところが知識統合の議論をする際に起点になるとされる[4]。

　第3にシニア・ミドル・ジュニアでは，提供するサービス行為のレベルに対応するために必要とする部門別知識（Domain-Specific Knowledge）が異なるということである。職制の階層があがるにつれてマネジメント型とスペシャリスト型に分かれる。

　第4に知識獲得や知識共有では個人的・自主的な活動が主流である。明確な組織的なプロセスとして確立されたものは存在しない。ただし，広告主の担当チームや各部門別に勉強会やワークショップを通じて知識を獲得し，共有するという意見も得られた。各部門に共通していたのは「誰に聞けば，この課題が解決するか」に関して知識共有の互恵的関係が存在することである。

　汎用的知識（Generic Knowledge）と部門別知識（Domain-Specific Knowledge）は，広告主との企業間取引的な「助言型サービス」と一般消費者に対する広告主のマーケティング業務の「支援型サービス」のサービス行為に対応している。図5-2は，本章の広告会社の汎用的知識（Generic Knowledge）と部門別知識（Domain-Specific Knowledge）を類型化し，サービス行為との関係を示している。

図5-2 専門的サービス業である広告会社における知識の類型化

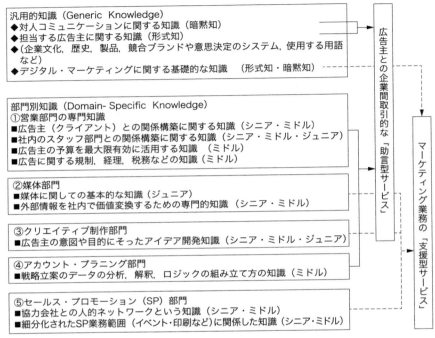

出所：筆者作成。

第5節　小　括

　Kotler and Keller（2007）によるとマーケティング・インテリジェンスとは，最新の市場状況に触れ，マーケティング活動の意思決定をするための情報源であると説明している。すなわち汎用的知識（Generic Knowledge）は，広告会社のマーケティング・インテリジェンスとも言える。一方，部門別知識（Domain-Specific Knowledge）のうち，営業部門やアカウント・プランニング部門の知識は広告主との企業間取引的な「助言型サービス」を中心に，細かく対応しており，実施されるコミュニケーション戦略に深く関係している。また，媒体部門やクリエイティブ制作部門，プロモーション（SP）部門の知識

は一般消費者に対する広告主のマーケティング業務の「支援型サービス」に専門領域として対応しており，個別のコミュニケーション施策と関係している。このように汎用的知識（Generic Knowledge）と部門別知識（Domain-Specific Knowledge）が，担当チームとして統合されることで，広告会社の広告主への「助言型サービス」と一般消費者に対する広告主のマーケティング業務の「支援型サービス」のふたつのサービス行為を同時並行的に提供することを可能にしている。

注
1 ADKの2015年度有価証券報告書を参照した。
2 Generic KnowledgeについてはSmith（2000）などの研究がある。Generic Skillとも言われる。
3 Domain-Specific KnowledgeについてはWineburg（1998）やZeitz（1994）の研究がある。
4 Dougherty（1992）やIansiti（1995）の研究がある。

第6章
広告会社における国際知識移転プロセス

第1節　はじめに

　本章は，先述したように電通をはじめとする日系広告会社は広告主のグローバル化に対応すべく，海外市場への事業展開を経営計画の重要課題としている。国内市場に依存する日系広告会社は国際競争力の欠如という問題に直面しており，博報堂DYグループやアサツーディ・ケイ（ADK）はグローバル化への対応が遅れている。

　序章で触れたように，広告会社の国際化・グローバル化には2つの戦略がある。第1の戦略は欧米の広告会社グループが得意とするクロスボーダーM&Aである。第2の戦略は自社の拠点を海外に設立してネットワークを積み上げていく方法による地道な戦略である。いずれの戦略も広告主へのサービスが目的であり，そのようなサービスのためには，吉原（2008）が指摘した「ネットワークを活かして無形資産を国際移転するようなシステム」が不可欠である。Argote他（2000）は「組織的に蓄積された知識をあるユニットから他のユニットへ効果的に移転できることが生産性を高め，知識移転ができない組織よりも持続する」と指摘した。すなわち，国際競争力の欠如を補うためには，無形資産である知識の移転は重要な課題となる。本章における日系広告会社ADKの知識移転の事例分析にあたって，対象国を中国とした理由について言及する。図6-1は世界の主要5ヶ国における広告の市場規模をまとめたものである。Zenith Media Fact（2011）によると，日本の広告市場がマイナス1.7%成長であるのに対して，中国の広告市場は2011年度，対前年比で14%の伸びを示している。このように成長が著しい中国の広告市場は，日系広告会社が最も注力すべき市場である。黄（2003, 233ページ）は欧米企業と日系企業によ

第1節　はじめに

図6-1　主要5ヶ国の広告市場規模（単位：億円）

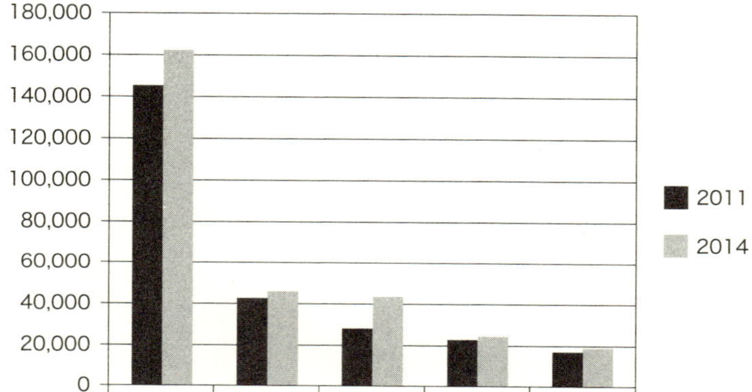

	米国	日本	中国	ドイツ	英国
2011年	145,355	42,553	28,091	22,909	17,201
2014年	162,458	45,806	43,513	24,397	19,087

注：テレビ・新聞・雑誌・ラジオ・屋外・インターネットなど主要媒体が対象である。
　　米ドルと円換算は2011年と2014年（予測）の平均値（1ドル＝93.82円）による。
出所：Zenith Media Fact（2011）より筆者作成。

る中国市場へのマーケティング資源の移転と取得について実証的に分析し「親会社のもつマーケティング資源の移転が現地市場でのマーケティング活動を効果的に遂行する際の重要な要因である」としている。すなわち，日系広告会社にとって急速に成長する中国の広告市場に対して国内で集積された知識を円滑に移転することが重要となる。

　これまで日系広告会社の知識移転の問題を取り上げた研究は多くない。今井（2010）は広告会社のアジア戦略と知識移転の問題を取り上げ，電通は社内教育と知識移転をシンガポールの統括会社を中心に推進しており，知識の体系化と組織化に積極的であると述べている。電通は，電通アジアネットワーク大学のような公的・組織的な教育プログラムと自発的で，非公式な研修や意見交換会を通して，日本で培われた優れた知識と経験の共有化による競争力の向上を目指している。博報堂においても2007年より，電通と同様の取り組みがなされており，東南アジアの子会社の経営幹部候補やクリエイターを博報堂大学（日本）に派遣して各職種に応じた知識移転をおこなっている。このような社

内大学的な知識移転の研究も重要である。しかしながら，実際の業務における知識移転の実態を明らかにすることも必要である。なぜならば，広告会社のクライアントへのサービスに関する知識移転は，直結した競争優位の獲得につながるからである。

　本章では，日系広告会社の知識移転の事例を次の2つの視点から分析する。第1に，移転される知識がどのような特性をもっているか，第2に，知識がどのようなプロセスで移転されるのかを明らかにすることである。それらを明らかにすることにより，日系広告会社が本社と海外拠点の知識移転プロセスをどのように構築していくべきかというインプリケーションを導出することができる。本章の構成は以下の通りである。第2節では，日系広告会社ADKによる中国市場の広告主を資生堂とする事例分析をおこなう。第3節では聞き取り調査の結果を記述する。第4節において広告主へのサービスを目的とした広告会社の移転知識の特性および知識移転プロセス構築の課題を考察する。最後に第5節において本章の意義について小括する。

第2節　事例分析

(1) 事例の分析枠組み

　事例の分析枠組みに関して，本章では第2章や第3章で取り上げた先行研究を基にして，図6-2の4つのステージからなる移転プロセスとして提示する。その主な段階は①から④である。

図6-2　知識移転プロセスの概念図

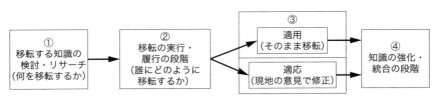

出所：安保他（1991, 1994），Kogut and Zander（1992），Hansen（1999），Suzulanski（2000）を参照して，筆者作成。

① 移転する知識の構成の検討・リサーチ段階
② 知識移転の実行・履行の段階
③ 「適用」または「適応」の段階
④ 知識の強化および統合の段階

　次に，本章の知識移転の事例分析が対象とする範囲について触れる。Sveiby (2001) は多国籍企業の知識移転プロセスについて① 個人間，② 個人から外部組織へ，③ 外部組織から個人へ，④ 個人のコンピタンスから内部組織へ，⑤ 内部組織から個人のコンピタンスへ，⑥ 外部組織内，⑦ 外部組織から内部組織へ，⑧ 内部組織から外部組織へ，⑨ 内部組織内の9局面を提示した。これらは，個人と内部組織および外部組織の3つのモジュールの相互関係によって構成される。本章は本社と中国拠点間の特定の広告主に関するオペレーションを対象としているので，⑨ 内部組織内の局面に着目し，その移転プロセスを明らかにする。そして，Kogut and Zander (1992) が示した個人・グループ・組織・ネットワークという移転のモジュール（単位）を参照し，内部組織内の個人およびグループにおける知識移転プロセスに焦点をあてる。

(2) 日系広告会社 ADK の中国拠点

　国内第3位の広告会社である ADK は合併前の旭通信社が中国の市場開放の当初から主体的に関与しており，1980年代後半には「中国に強い広告会社」というイメージを広告業界内に確立した。自社のネットワークを地道に構築していくグローバル化戦略の結果，現在の ADK の中国拠点（香港，台湾含む）は9都市11社に広がり，日本人および現地ローカルスタッフ含め約700人が従事している。クライアントに関しては，顧客追随型のサービスを提供する日系企業のみならず，顧客開発型のサービスを提供する中国現地企業の扱いも増えており海爾集団（家電），蒙牛（乳製品），海馬汽車（自動車），紅星美凱龍（大型家具量販店），TCL 集団（携帯・PC），中国聯通（通信）などの大手企業の広告コミュニケーション業務を担当している。

　本章では ADK による資生堂の日本で大ヒットしたヘアケア商品のブランド「TSUBAKI」の中国における事例を取り上げる。この資生堂のオペレーションを対象とする理由は，資生堂が ADK 本社の主要広告主のひとつであり，

表6-1 資生堂中国の業務に関する聞き取り調査対象者

	資生堂担当チーム（勤務地・駐在拠点）	性別	年齢	担当期間／駐在期間	職位	職務内容
1	A（東京）	男	55	1983年～	営業職副本部長	資生堂担当（国内・海外アカウント統括）
2	B（北京）	男	33	2000年～	営業職マネジャー	資生堂の中国アカウント（商品広告）
3	C（北京）	男	33	2004年～2006年	営業職マネジャー	資生堂の中国案件の担当（イベント）
4	D（上海）	男	55	2005年～	事業本部長	執行役員・中国全体の管理
5	E（上海）	男	38	2006年～	営業職マネジャー	資生堂の中国案件の担当
6	F（上海）	男	38	2000年～	営業職	資生堂の中国案件の担当
7	G（北京・上海）	男	34	2005年～	営業職	資生堂の中国アカウント（商品広告）
9	H（東京）	男	45	2000年～	営業職マネジャー	資生堂担当営業
10	I（東京）	女	40	1999年～	営業職	資生堂担当営業

出所：筆者作成。

ADKが中国市場へ進出した1980年初頭からその業務に関与していたためである。現在も，旭通上海および華聞旭通が上海および北京で関連業務を担当している。事例分析の対象は本社と中国拠点（上海・北京）である。表6-1は資生堂の業務における本社と中国拠点における知識の特性と移転プロセスの分析のために聞き取り調査をおこなったADKの調査の対象者リストである。

調査方法は対面調査法である。聞き取り調査は2010年9月，10月，11月及び2011年10月，11月に東京本社・上海・北京の各拠点にてひとり当たり1時間半から2時間をかけて半構造的な質問票に基づきおこなった。

第3節 聞き取り調査の結果

ADKにとって2006年に担当した資生堂「TSUBAKI」の広告キャンペーンは国内ヘアケア市場において念願の市場シェア1位を達成したベスト・プラクティスである。そして，2008年に日本市場での成功を再現すべく，同キャン

ペーンは中国市場へと導入された。資生堂の主力商品である化粧品は感性に訴求するタイプの商品であり，広告やプロモーションによるブランド・イメージが重要視される。ここで，「TSUBAKI」の広告キャンペーンのような顧客追随型サービスを提供するための移転知識と知識移転プロセスとはいかなるものであったかに関して記述する。

(1) 日系広告会社の移転知識
① 広告主に関する知識

　広告会社が，広告主の広告コミュニケーションを担当する場合に理解していなくてはならないのは，その担当する広告主固有のその「企業らしさ」が何であるかという知識である。それは広告主の歴史・経営哲学・企業文化などから構成される組織のメンバーの行動規範ともいえる。「企業らしさ」という知識は基本的な知識でありながら，複雑な知識でもある。形式知として明示化されることもあるが，その本質は暗黙知である。

　聞き取り調査によると，広告主に関する知識の核となる「資生堂らしさ」とは以下のようなものである。

A氏（東京・営業）

　「ひとことで言えば，それは『おもてなしの心』です。あえて説明をするならば研究開発から生産，物流，マーケティングなどのすべての企業活動において実践すべき顧客志向の価値観でしょうか。具体的にそれが何かを言葉で説明するのは難しいですが，この価値観こそ資生堂の業務を担当する者が理解すべき基本的な知識と言えます」

　このように多くのニュアンスを含む行動規範が広告主に関する知識の基本である。まさに暗黙に知ることでしか獲得できない性質の知識であり，この基本的な知識なくしては広告戦略を提案することができない。そして，本社の担当者が現地拠点のスタッフに理解してもらうのに最も苦労するタイプの知識である。

② 広告戦略に関する知識

　広告会社は，広告主から商品に関する情報をインプットされる。そして，その情報をもとにして広告戦略を練り上げていく。「TSUBAKI」の事例でも開発コンセプトや成分情報，そして想定ユーザーのイメージ，競合商品に関する情報，販売戦略などが広告会社に基本情報として提供される。それらを踏まえて立案された「TSUBAKI」の広告戦略は市場調査や消費者調査などを経て，さらに精緻化される。広告戦略の策定は，各個人の知識が担当するグループの知識に集約され，まとめられていく。そこには，阿吽の呼吸ともいえる暗黙知識共有のプロセスがある。そのようにして策定された広告戦略は，広告会社の社内で共有されやすいように企画書や報告書というもので形式知化もされる。そして，広告戦略に従って具体的な広告施策が企画され，広告主である資生堂の承認を得て実行される。

③ 広告施策に関する知識

　広告戦略を具体的な制作物に落とし込む広告施策に関する知識は，各専門スタッフの経験による，容易に形式知化できない暗黙知である。広告施策を実行するためには，営業とマーケティング，クリエイティブやプロモーションの各部門のスタッフが社内会議を繰り返しながら，暗黙知を集約していく必要がある。そして，広告施策を実行する段階では，広告タレントの契約，制作や広告出稿やイベント実施に関わるスケジュール管理などのルーチン化された形式知も必要になる。市場調査や想定ユーザーへのクリエイティブテストに関する知識もマニュアルなどの形式知化がなされている。広告出稿のメディアプランに関しては，テレビCMや雑誌，新聞広告などの出稿プランを作成するシステムが導入されている。担当者はそれらの情報に端末からアクセスできるようになっており，競合ブランドの広告投下予算などを参照しながらプランニングすることが可能である。広告施策に関する知識は形式知化されているものも多い。

　「おもてなしの心」のような資生堂に関する知識移転は，中国拠点へそのまま移転する「適用」のプロセスがとられている。資生堂の「おもてなしの心」に関する知識は現地の意見により修正すべき性質の知識ではないからである。

聞き取り調査でも指摘されたように時間をかけて協同しながら，理解してもらう「知識活用型」の移転プロセスが必要になる。次に，「広告戦略に関する知識」には暗黙知と形式知があり，そして知識の移転については「知識活用型」と「知識開発型」がある。例えば，ターゲット設定に関する調査を実際におこなうのは中国人マネジャーを中心とした現地スタッフであるが，その知識は暗黙知や形式知として日本人派遣者→中国人マネジャー→現地スタッフというプロセスで移転される。しかし単純に一方向に移転するだけでなく，現地スタッフ→中国人マネジャー→日本人派遣者という逆方向にも知識（暗黙知と形式知を含む）移転がおこなわれるのである。

<u>F氏（上海・営業）</u>
「日本の商品をそのまま中国に輸出する場合でも，訴求ポイントや想定購入者層が異なる恐れがあるので，市場の需要調査をおこないます。『TSUBAKI』の導入時期には，本社のマーケティングチームと協力して，日本の調査項目を参考に現地に則した市場調査を実施しました」

聞き取り調査によると本社の営業担当者と中国拠点（上海）の日本人派遣者は，電話や電子メールによるやり取りのみならず，お互いに出張して対面しながらの打ち合わせも頻繁におこなっている。彼らが，わざわざ対面での打ち合わせをするのは，電話や電子メールでは伝わらない広告のトーン＆マナーなどの暗黙知を共有するために他ならない。さらに，日本人派遣者と中国人マネジャーが相互に納得しあうプロセスを実務において積み重ね，中国人マネジャーを中心にして現地のオペレーションレベルでの知識が強化され，統合されていく。特に中国人マネジャーは現地の視点から移転知識を修正する「適応」に対して重要な役割を担っている。

最後に，「広告戦略に関する知識」と同様に「広告施策に関する知識」にも暗黙知と形式知があり，知識の移転についても「知識活用型」と「知識開発型」がある。「TSUBAKI」の事例では，6人の有名女優を起用した広告ビジュアルのレイアウトは日本市場で展開されたものが，そのまま使用された。しかしながら，日本の市場で展開されたコピー「日本の女性は美しい」は中国市場

では「輝く，美しさへ」と修正がなされた。

D氏（上海・営業）
　「コピー開発のプロセスとしては，日本語でどのようなメッセージを伝えたいかを，現地の調査や意向を踏まえて決定する。それに中国サイドが中国語のさまざまな言い回しやフレーズを当てはめて数パターンを作成して，民族や宗教，ジェンダーなどに抵触していないかを確認する手順がとられる。中国の消費者の価値観との一致点を模索する作業を繰り返すことになる」

E氏（上海・営業）
　「国内での『TSUBAKI』のキャンペーン・メッセージには，日本の女性の美しさを賞賛し応援しようという社会的メッセージが含まれていました。しかし，現地に合わせた中国語のコピー『輝く，美しさへ』には社会的メッセージによる資生堂の打ち出したい価値，共感促進型の，メッセージを含めて移転することはできませんでした。中国での資生堂のブランド力に裏付けされた商品の機能を前面に打ち出すことが優先されました」
　この事例では，広告ビジュアルについては「適用」され，広告コピーについては「適応」の移転がなされた。この「適応」は，単なる言葉の問題だけではなく，日本語によるコピーの意図する女性美を賞賛する共感促進型のメッセージを移転することよりも，商品の機能にフォーカスするメッセージが選択された「適応」が知識移転のプロセスにみられたことに着目すべきである。ただし，「修正」とはあくまで日本発の知識を主体としてそれを現地で改変するものであり，現地発の知識を主体とするものではない。その意味において，本事例での「適応」の対象となる知識は日本国内の広告戦略と広告施策のベストプラクティスに依拠している。

(2) 日系広告会社の知識移転プロセス
① 移転する知識の検討・リサーチ段階
　広告会社の移転される知識についてはクライアントに関する知識，広告戦略に関する知識，広告施策に関する知識の3つのタイプがあると述べた。国内の

第3節　聞き取り調査の結果　93

ベストプラクティスである「TSUBAKI」の広告キャンペーンに関する知識のうち，中国市場へ移転すべき知識はどのように検討され，リサーチされたのであろうか。

　日本市場で成功を収め，6人のトップ女優を起用した広告フォーマットは資生堂ブランドへの親和性とイメージ・キャラクターの好感度の高さから，そのまま中国市場でも使用することが決定された。ただし，日本では中心的に展開されたテレビCMは中国では予定されておらず，雑誌や屋外広告などを中心とした平面広告が中心であった。従って，導入時期において，メディアプランに関する知識は平面広告制作に関する知識と新製品発表会などのイベント企画に関する知識が移転された。この場合，移転する知識の検討・リサーチを主導するのは本社の営業担当者とそのグループである。彼らが広告主の意向と現地拠点の意見を反映しながら，中国拠点に移転する知識の選択をおこなう。

② 移転の実行・履行の段階

　移転知識の特定に付随して，移転の実行・履行には，誰から誰に移転するのかという移転の経路を確定することが不可欠である。中国拠点での知識の受け手となる個人の探索と決定は，本社とのコミュニケーションが円滑にできる人材であるかどうか，が重要なポイントとなる。「TSUBAKI」の広告キャンペーンは，中国拠点にはすでに資生堂業務の担当者がいたが，新しい大型商品の市場導入であったので，国内で「TSUBAKI」の広告キャンペーンを担当していた営業マンが上海へ派遣された。派遣者は広告主に関する知識の質と量が十分であることが必要条件とされる。日本からの派遣者は，知識移転プロセスにおける「要（かなめ）」の機能が期待される。さらに派遣者は，日本からの要請を受け止め，現地での実務をおこなうローカルスタッフのマネジメントもしなければならない。中国拠点内での知識移転するグループの探索と決定は日本人派遣者が中心になっておこなう。なかでも営業総監などの中国人のマネジャーを誰にするかは，重要な人選となる。現地スタッフへの細かい指示などを適切におこなう，自らの片腕として働いてくれる人材を探さなくてはならない。本社は移転の経路を安定したものにするために，本社からの人員派遣なども含めて拠点のサポートをする必要がある。このようにして移転経路が確定され，本

社から中国拠点に移転の実行・履行がおこなわれる。

③「適用」と「適応」の段階

　まず,「広告主に関する知識」の移転については,本社担当者→日本人派遣者→中国人マネジャー→現地スタッフへと段階的に移転が実行される。ここでは「資生堂らしさ」や「おもてなしの心」に対する共通認識を現地スタッフのレベルまで移転することが課題である。しかし,現地のスタッフにニュアンスを多く含む行動規範を理解してもらうことは容易ではない。

A氏（東京・営業）

　「新製品発表会などのイベントを実施するうえでも,商品の原点である『おもてなしの心』の理解は重要です。これは言葉で伝えることができない資生堂の独自の精神であり,気持ちの在り方なので,粘り強く自分たちが現場で行動として,実践してみせるしかないです。現場スタッフとは一緒に仕事を2年とか3年かけてやっていくうちに共有できるかどうかですね」

④ 知識の強化・統合の段階

　この段階においては,中国拠点における日本人派遣者,中国人マネジャー,現地スタッフ間の心理的な距離をどう縮めるかが,知識の強化・統合を円滑にするポイントである。良好な人間関係や卓越した異文化理解が知識移転の成否を決定する。「TSUBAKI」の事例では,時間が経過するに従って,本社から中国拠点への知識移転の迅速化がみられた。そこには広告主へのサービスの質を向上させるという共通の目的と協同経験によって,個人からグループへの知識移転ルートが確立され,円滑になされることを示している。まさに知識は双方向に移転されるが,形式知の移転よりも暗黙知の移転の方が重要である。一言でいえば「コミュニケーションによる知識の強化・統合の段階」といえる。

G氏（北京／上海・営業）

　「日本から駐在したばかりの頃は本社での成功体験に頼りがちになるため,現地人の意見に否定的な態度をとりがちであった。しかし,実務をやるにつれ

て中国人スタッフの意見が正しいこともあると認識を改めた。議論してお互いに納得することが必要だと思う」

また「コミュニケーションによる知識の強化・統合」は，協働作業の場でやることが効果的である。中国人マネジャーや現地スタッフには単純な理解でなく，より深い「納得」をしてもらうことが重要であると複数の対象者から聞かれた。

B氏（北京・営業）

「クライアントで会議がある場合は，中国人のマネジャーやスタッフも同行してもらい，直接的にクライアントの要望や考えを理解してもらうように努めている。制作部門でタレントの契約などを担当する中国人マネジャーは，何回か協働作業をやるうちに，クライアントである資生堂の立場や契約交渉の微妙なニュアンスを理解してくれた」

矢作（2006）は「新しい知識と古い知識を入れ替えるランプアップ効果は単純なアンラーニングから生まれるとはかぎらない」と指摘している。すなわち日本人派遣者が，日本における過去の成功体験に固執せず，現地の意見を正確に理解して，本社と調整する役割を実行することが求められる。同時に現地拠点のマネジャーやスタッフは日本の知識を学びながら現地の知識と統合することに努めなくてはならない。「適応」への柔軟な知識移転プロセスの構築が，知識を増殖させ続けるランプアップ効果を生み出し，組織としての競争優位につながる。この「知識の強化および統合」の段階が日系広告会社の地道なグローバル化戦略において最も重要なポイントである。

第4節 考　察

これまでのADKによる中国市場での資生堂を広告主とする知識移転のプロセスを考察すると図6-3のようになる。図6-3に示されたように，① 移転する知識の検討・リサーチ段階および ② 移転の実行・履行の段階に関しては本

図 6-3 資生堂中国（TSUBAKI）の事例における知識移転プロセス

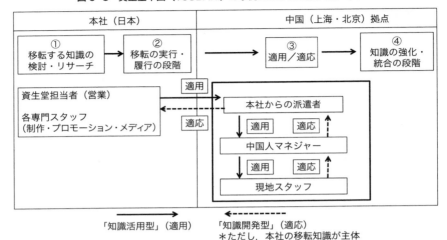

出所：筆者作成。

社の担当者（営業）が中心的な役割を果たしている。③適用または適応，④知識の強化・統合の段階においては中国拠点の日本人派遣者と中国人マネジャーが中心的な役割を担うようになる。

本事例で取り上げた ADK による資生堂業務に関する移転プロセスにおいては，日本人派遣者が「要（かなめ）」の役割を果たしていた。

現地に合わせた知識の修正がなされる「適応」プロセスには中国拠点から本社へのフィードバックという逆方向の移転プロセスも部分的ではあるがおこなわれていた。例えば，現地スタッフによる市場調査結果の分析に基づいて，中国人マネジャーが日本人派遣者にその情報をフィードバックする。中国市場に最適な表現については，中国人の視点から広告ビジュアルやレイアウトに関しての意見交換がなされる。聞き取り調査では「TSUBAKI」の事例以外でも広告コピーに関しては現地の意見によって，日本の広告コピー案が修正されたケースが紹介された。

D 氏（上海・営業）

「中国現地生産品の『ピュア・マイルド』の広告制作は，日本の本社主導で

行われました。広告コピーのコンセプトは『透明感のある肌』というものでしたが，中国から提示されたコピーは，『白く輝く肌』というものでした。日本語の『透明感』という言葉にこだわる本社と反対する中国現地サイドの調整は，非常に難航しました。微妙なニュアンスの問題なのですが，議論をつくして最終的には『白く輝く肌』ということになりました」

　中国市場において消費者の認知を得るためには，広告コピーや商品のネーミングが重要な意味をもつ。効果的なコミュニケーションのためには，現地の知識を取り入れる「適応」が不可欠であり，それに対して本社は柔軟に対応せねばならない。表6-2は本事例で示された広告会社の3つのタイプの知識が移転プロセスにおいて「適用」と「適応」のどちらの移転がなされたかを示してい

表6-2　資生堂中国（TSUBAKI）の事例における広告会社の移転知識と移転方法

	広告会社の移転知識の類型	「TSUBAKI」の事例における移転された知識	知識の類別	移転方法
(1)	クライアント企業に関する知識	クライアント企業の行動規範，「資生堂らしさ」や「おもてなしの心」についての知識	暗黙知	●適用（そのまま移転）
(2)	広告戦略に関する知識	国内市場の商品開発の知識（開発コンセプト・成分情報）	形式知	●適用（そのまま移転）
		マスコミュニケーション戦略（雑誌広告および編集タイアップ・デビューイベント）	形式知	■適応（現地にあわせて修正）
		接点拡大プロモーション戦略（屋外ビジョン・ビルボード・交通媒体・WEBサイト）	形式知	■適応（現地にあわせて修正）
		国内の市場導入戦略（想定ユーザーイメージ・市場調査の手法・販売戦略など）	形式知	■適応（現地にあわせて修正）
(3)	広告施策に関する知識	6人のトップ女優を起用した広告ビジュアルのデザイン	形式知	●適用（そのまま移転）
		広告コピーの共感促進型の社会的メッセージ（広告コンセプト）	暗黙知	■適応（現地にあわせて修正）
		広告コピー「日本の女性は美しい」	形式知	■適応（現地にあわせて修正）
		メディアプラン（媒体計画）に関する知識	形式知	■適応（現地にあわせて修正）
		イベントプラン（体感促進イベント・街頭サンプリング）	形式知	■適応（現地にあわせて修正）

注：●適用（そのまま移転）■適応（現地にあわせて修正）。
出所：筆者作成。

る。

　表6-2に整理されたように，本事例の知識移転は「適応」される知識が大部分を占めることがわかる。ただし，あくまで日本からの知識を主体として，それを現地で修正する意味での「適応」にとどまっている。そこでは，川端 (2006) が小売業の知識移転研究で示したような本国と進出先国間で知識提供と知識獲得を繰り返す「知識開発型」のレベルまでは至っていない。しかしながら，双方向型のコミュニケーションによる日本からの知識を修正する「適応」は将来的には現地知識を主体とした「知識開発型」へ進化していく可能性をもっている。

第5節　小　　括

　本章では，具体的な日系広告会社の知識移転の事例を次の2つの視点から分析した。第1に，移転される知識がどのような特性をもっているか，第2に，知識がどのようなプロセスで移転されるのかという視点である。それらを明らかにすることにより，日系広告会社が本社と海外拠点の知識移転プロセスをどのように構築していくべきかというインプリケーションを提示している。

　移転される知識が，広告会社の専門的知識なのか，広告主の資生堂の知識なのかについての区別の問題に関しては以下のような整理を行うべきである。

　① 広告会社の専門的知識はあくまで広告主のプロモーション業務に関係する知識が大部分を占める。

　② 広告主と同等のレベルで商品戦略などの知識を共有することによって，パートナーとして構成されるネットワークの中心的な役割を担うことが可能となる。

　本章の意義は，知識移転に関する理論的枠組みを援用し，中国市場での広告会社の事例を通して，専門的サービス業における知識移転プロセスの動態的展開を明らかにしたことである。日系広告会社が海外事業を拡大するうえで国際競争力を向上させるために情報や知識といった無形資産の国際移転をどのようなプロセスで展開しているのかを明らかにすることができた点が挙げられる。

そして，日本人派遣者と中国人マネジャーの役割の重要性を明らかにしたことである。日系広告会社の地道なグローバル化戦略には，経営資源である知識と人を効果的に一体化してマネジメントするような知識移転プロセスの構築が求められる。移転プロセスの「適用」または「適応」に関しては日本人派遣者と現地人マネジャーが，知識の強化および統合に関しては現地人マネジャーが中心的な役割を担う。日系広告会社のみならず専門的サービス業の知識移転プロセスは，このような人的資源管理の問題と併せて留意すべき課題である。

第7章
ネットワークにおける専門的知識の国際移転

第1節　はじめに

　世界各国で自動車，家電製品，IT・コンピューター，医療機器，時計・宝飾，食品など多種多様な国際見本市が開催されている。JETROによると，国際見本市は，機械・工業技術，情報・通信，輸送・物流をはじめとして，趣味・教育やサービス，環境など，業種の多様化と共に，北米，欧州に加えて，アジア，中南米，アフリカなどの新興国市場での開催も増加している[1]。そこは，まさにグローバル市場の縮図であり，祭典としての華やかさの反面，同じ産業に属する企業間の激しい競争が繰り広げられる場である。また，国際見本市は世界各国から訪れる来場者が情報収集や商談する場である。そのため，出展企業は国際見本市をグローバル・ブランド戦略の浸透の機会と捉えており，新製品の発表や自社ブースの企画・デザインやホスピタリティなどの運営に対して，多額の費用を投資する。

　企業による国際見本市への出展は，国境を越えるプロジェクトである。プロジェクトには，期間限定性（テンポラリー性）と知識などのリソースを活用するための代理性（エージェント性）の2つの組織的な側面があるとされる（Turner and Muller, 2003）。プロジェクトの限られた期間内で成果をあげるには，知識と経験を有する専門家が結集し，ネットワークを構築していくことが必要である。ネットワークとは，組織的な枠組みを越えて，協同することを可能にする活動システムである（若林，2009a）。

　これまでも企業組織とネットワークの関係は議論されてきた（今井・金子，1988；若林，2009a）。しかしながら，構築されるネットワークにおいて誰と誰が，どのように関係して，知識を共有し，活用するのかというプロセスについ

ては不明な点が多い。本章の問題意識は，プロジェクトにおいて，個人がどのようにつながり，組織的に知識を共有し，活用するのかに関して，事例を使って，解明することにある。ただし，本章はプロジェクトの知識創造による成果物という中味ではなく，プロジェクト進行と知識の共有，活用をプロセス面に焦点をあてて，その実態について検討する。

そのために，プロジェクト期間を均等なフェーズ（Phase，以下 P）に分割し，社会ネットワーク分析をおこなう。さらに，具体的にどのような知識が共有，活用されたのかに関して，各フェーズ（P）の電子メールや議事録のテキストマイニングによってキーワードを抽出する。得られたキーワードの文脈を検証するために，補足的ではあるが，主要な関係者に聞き取り調査を実施する。

事例として取り上げるのは 2016 年 2 月にスペインのバルセロナで開催された MWC（正式名称：Mobile World Congress）における，日本企業 N 社の出展プロジェクトである[2]。本章がこの出展プロジェクトを分析の対象とした理由は，第 1 に，MWC は世界的に注目される見本市であることが挙げられる。出展企業も例えばアルカテル・ルーセント，AT&T，ドイツテレコム，エリクソン，グーグル，華為技術，インテル，レノボ，マイクロソフト，ノキア，クアルコム，サムスン，ソニー，テレフォニカ，ボーダフォンなどの情報・通信・携帯電話関連のグローバル企業が名を連ねている。第 2 に，プロジェクトの企画段階から実施段階までの電子メールや議事録データなどが存在しており，ネットワーク構造の動態的変化の分析に適していたことが挙げられる[3]。

本章の構成は以下の通りである。まず第 2 節では，本章の分析視角を導きだすために先行研究をレビューする。続く，第 3 節では事例分析の対象および調査方法について説明する。第 4 節では，社会ネットワーク分析とコミュニケーション内容のテキストマイニング，聞き取り調査の結果を示す。第 5 節にて，国際見本市出展プロジェクトにおける知識の共有と活用のプロセスについて考察する。最後に，第 4 節において，本章のインプリケーションと今後の研究課題ついて述べる。

第2節 事例分析

(1) 事例の概要

　先述したように本章は世界最大のモバイル関連の国際見本市であるMWC (Mobile World Congress) のプロジェクトにおけるネットワークを研究対象として取り上げる。MWCは，2016年2月22日から25日の4日間の会期で開催された。出展企業である日系企業N社は2011年にスペインのバルセロナに開催地が変更されてから継続して出展している。出展企業のN社は2014年6月中旬に企画・実施運営を担当するパートナーである広告会社を競合コンペティションを実施して変更した。パートナー広告会社に選定されたのはアサツーディ・ケイ (ADK) であった。同社を中心にして，国内外の協力会社がネットワークされていった。この出展プロジェクトでは，通信キャリアへのネットワークやシステムのサービスに関する展示と商談をおこなうためのブースの設営と運営が主たる業務である。極めて専門性が高く，実施には国内外の協力会社の経験と専門的知識の共有と活用が不可欠であった。担当して2回目にあたる2016年の成果としては，前年と比較しても出展ブースへの来場者数，商談数も増加し，商談も円滑になされたことが挙げられる。事後，出展企業N社の各事業部，営業部，宣伝部，海外拠点からのアンケートや反省会におけるフィードバックでも高い評価を得た。本章はプロジェクトチームによる2015年5月～2016年2月の10ヶ月間にわたるMWC出展プロジェクトの最新のデータを使い分析を行なった。

(2) 社会ネットワーク分析

　本章の電子メールログによる社会ネットワーク構造の分析手順を以下に示す。

　① MWC出展プロジェクトにおけるネットワーク構造の特性を示すために，10ヶ月間のプロジェクト期間を均等に30日ごとのフェーズ (P) に分割する (表7-1, 参照)。均等に区分されているが，プロジェクトが30日ごとに規則

第 2 節　事例分析　　103

表 7-1　出展プロジェクト（2016）における対象期間，対面会議等の頻度およびノード数

フェーズ	対象期間	定例会議などの頻度	ノード数
P1	2015 年 5 月 1 日－ 5 月 31 日	キックオフ会議　1 回	22
P2	2015 年 6 月 1 日－ 6 月 30 日	定例会議　2 回・ビデオ会議　1 回	28
P3	2015 年 7 月 1 日－ 7 月 31 日	定例会議　2 回	31
P4	2015 年 8 月 1 日－ 8 月 31 日	定例会議　2 回・ビデオ会議　2 回	31
P5	2015 年 9 月 1 日－ 9 月 30 日	定例会議　4 回・ビデオ会議　1 回	34
P6	2015 年 10 月 1 日－ 10 月 31 日	定例会議　4 回・ビデオ会議　3 回	34
P7	2015 年 11 月 1 日－ 11 月 30 日	定例会議　6 回・スペインでの会議 1 回	34
P8	2015 年 12 月 1 日－ 12 月 31 日	定例会議　4 回・スペインでの会議 1 回	34
P9	2016 年 1 月 1 日－ 1 月 31 日	定例会議　6 回・ビデオ会議　1 回	32
P10	2016 年 2 月 1 日－ 2 月 29 日	定例会議　2 回・実施・報告会 1 回	28

出所：筆者作成。

的に進行することはなく，現実とは一致しないが，本章ではデータの収集に客観性を持たせる意図を優先させた。また，表 7-1 では出展企業をはじめ主要な関係者が集まり，企画内容などの検討や決定を行うための定例会議や日本（東京）とスペイン（バルセロナ）現地間のビデオ会議や，日本の関係者がスペインへ出張して行う対面の会議などの頻度についても整理した。各フェーズ（P）のノード数も記載している。

②　社会ネットワーク分析をおこなうにあたって，この出展プロジェクトにおける各ノードの属性を分類した（表 7-2，参照）。主なノードは，出展企業である N 社から 11 名，イギリスの主催社より 3 名，スペインの会場管理会社から 2 名，広告会社の ADK グループから 10 名，外部協力会社から 13 名（日本から 1 名，海外から 12 名）の合計 39 名である。MWC 出展プロジェクトが国境を越えて知識が共有されたことに言及するために，各ノードの国籍が判別しやすいように，日本人（JP），スペイン人（EP），イギリス人（UK），オランダ人（NL），ドイツ人（GM）と表記した。また，表 7-1 で記載されているノード数は，P6 であれば 39 名のうちの 34 名が，そのネットワークに参加していることを示す。

③　インタラクションの時間と頻度に関する配慮として，少なくとも 5 回以

表 7-2　出展プロジェクト（2016）における各ノードの属性

出展企業	広告会社（グループ会社含む）	外部協力会社（海外）
N 社（国内）・N 社関連会社	アサツーディ・ケイ（国内）	イベント会社（スペイン）
1. 広報・宣伝担当本部長（JP）	担当営業部門	28. 総合プロデューサー（ES）
2. 広報宣伝部長（JP）	17. 営業局長（JP）	29. 運営担当マネジャー（ES）
3. 宣伝担当マネジャー（JP）	18. アカウントディレクター（JP）	施工会社（スペイン）
4. 宣伝担当アシスタントマネジャー（JP）	19. アカウントエグゼクティブ（JP）	30. ゼネラル・マネジャー（ES）
5. 宣伝担当（イベント）エキスパート（JP）	担当スタッフ部門（プロモーション局）	31. プロジェクト・ディレクター（ES）
6. 関連会社ディレクター（JP）	20. シニアプロデューサー（JP）	32. 電気関係エンジニア（ES）
7. 関連会社コーディネーター（JP）	21. 施工担当プロデューサー（JP）	ケータリング会社（スペイン）
8. 関連会社チーフデザイナー（JP）	22. 運営担当プロデューサー（JP）	33. ケータリングマネジャー（ES）
9. 関連会社デザイナー（JP）	制作会社 ADK アーツ海外担当グループ	34. サービススタッフチーフ（ES）
10. 営業部門担当者（JP）	23. イベント・プロデューサー（JP）	AV/IT 機材関係会社（スペイン）
11. 事業部門担当者（JP）	24. イベント・ディレクター（JP）	35. プロジェクトエンジニア（ES）
主催社（イギリス）	アサツーディ・ケイ（海外オランダ）	36. テクニカル・マネジャー（ES）
12. 出展社担当ディレクター（UK）	25. 欧州拠点長（NL）	会議室管理システム会社（ドイツ）
13. 設計許可担当者（UK）	26. 欧州拠点マネジャー（UK）	37. テクニカルディレクター（GM）
14. 申請関係担当者（UK）	外部協力会社（国内）	38. システムエンジニア（GM）
会場管理会社（スペイン）	デザイン事務所（東京）	来場者管理入場システム（イギリス）
15. 施設・防災責任者（ES）	27. チーフデザイナー（JP）	39. 現場責任者（UK）
16. 電気ほか申請担当者（ES）		

出所：筆者作成。

上の送受信が1ヶ月間になされた電子メールを分析の対象にした。そのような条件のもと，電子メールの発信者に対して応答のあった場合にネットワークのリンク（各ノード間のつながり）が張られたとする（牛丸，2014）。本章では，BCC によるメールは分析データに含んでいない。CC や同報に関しては，CC は除外し，同報でメールのあて先が冒頭にある場合は，個別のメールと同じ扱いとした（安田・鳥山，2007）。このような条件のもと，分析の事前処理として，メールによる対話があった場合を1，なかった場合を0とコード化する。本章の電子メールにより作成された行列であるソシオマトリックスは，双方向の無効グラフである。

④ 社会ネットワーク分析のソフトNodeXL（Version1.01.251）を使用して、電子メールにより作成された双方向の無効グラフの行列データを分析した。

⑤ 指標として、他のノードに対して影響を与えやすいノードを抽出することが可能とされている近接中心性と、ネットワークの凝集性を示す平均経路長とクラスター係数（平均）を使用する。

(3) テキストマイニングと聞き取り調査

① 各フェーズ（P）の電子メールや議事録のデータを使い、テキストマイニングをおこないキーワードを抽出する。この出展プロジェクト期間中にやり取りされた対象となる電子メール数は月平均643通、全6430通であった[4]。電子メールには引用返信部分や署名が存在する場合がある（安田・鳥山, 2007）。本章では対象となるメールから引用符のある部分と署名を削除したものを使用している。

② 対面コミュニケーションは、このプロジェクトに関しては、最低でも週に1回、関係者による定期的な会議がおこなわれていた。平均的な会議時間は3時間である。その内容は詳細に議事録に記録されている。

③ テキストマイニングのツールはフリーソフト「User Localテキストマイニング」を使用した。テキストマイニングの形態素解析は、意味をもった最小の音型である形態素を集計することによって、キーワードを抽出することが可能である。

④ テキストマイニングの補足的な調査として、抽出されたキーワードの文脈を検証するために主要な関係者に対して聞き取り調査を行った。それにより、ネットワークが構築される過程にににおいて誰が中心になって、どのように関係して、知識を共有して、活用したのかという実態を示すことができる。

第3節 考　察

(1) 近接中心性について

図7-1は対象期間における近接中心性の平均値の推移を示している。この近

図7-1 出展プロジェクト（2016）における近接中心性（平均値）の推移

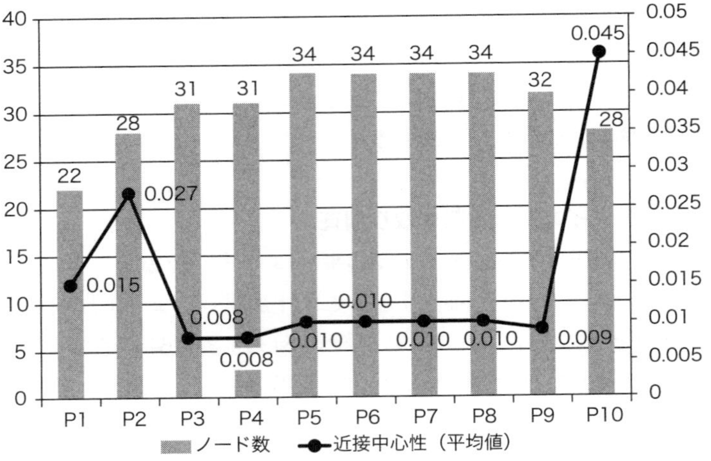

フェーズ	P1	P2	P3	P4	P5	P6	P7	P8	P9	P10
ノード数	22	28	31	31	34	34	34	34	32	28
近接中心性（平均値）	0.015	0.027	0.008	0.008	0.010	0.010	0.010	0.010	0.009	0.045

出所：筆者作成。

接中心性の平均値をみることで，そのフェーズ（P）における，ノード間の平均的な近さがわかる。数値が小さいほど，あるノードが他のノードと距離的に近ければ，相互作用を起こしやすいと考えられる（Beauchamp, 1965；Uzzi and Spiro, 2005；若林，2009a）。本章は，この近接中心性に着目し，ネットワークにおいて，誰がどのような役割を果たしているのかについて検討する。近接中心性はネットワーク全体の影響を考慮しており，組織での知識の共有と活用という分析に相応しいと考えられる（Wasserman and Faust, 1994: Uzzi and Spiro, 2005）。

分析結果では，近接中心性（平均）が，P3（0.008）およびP4（0.008）において小さい。P3，P4においては，ネットワーク全体としてみた時に，あるノードが他のノードに影響を与えていた可能性がある。また，P5（0.010）からP8（0.010）では，近接中心性（平均）に変化はなく一定である。一方で，P10（0.045）では，専門的知識を持ったノードによる他のノードへの影響力の大きさが弱くなっていると推定される。これは，プロジェクトが現地での実施段階に入ったため，現場で異なる専門的知識の共有と活用がなされていたという可能性が高い。

では，どのノードが中心的な役割を果たしていたのであろうか。表7-3は，プロジェクト期間のフェーズ（P）で，近接中心性の高い（数値が小さい）ノードの上位5人を整理したものである。近接中心性（平均）が小さいP3（0.008）およびP4（0.008）に着目すると，この両フェーズにおいて，他のノードに対して影響力を及ぼしやすく，情報を伝達しやすかったのは，35. 映像音響・IT機材関連会社のプロジェクト・エンジニア（ES）（0.005）と36. テクニカル・マネジャー（ES）（0.005）と7. 出展企業関連会社のコーディネー

表7-3 出展プロジェクト（2016）における各フェーズにおける近接中心性の上位ノード

フェーズ1		フェーズ2		フェーズ3	
32. 電気関係エンジニア(ES)	0.011	21. 施工担当プロデューサー(JP)	0.020	35. プロジェクト・エンジニア(ES)	0.005
1. 広報・宣伝担当本部長(JP)	0.012	35. プロジェクト・エンジニア(ES)	0.020	36. テクニカル・マネジャー(ES)	0.005
2. 広報宣伝部長(JP)	0.012	36. テクニカル・マネジャー(ES)	0.020	7. 関連会社コーディネーター(JP)	0.006
35. プロジェクト・エンジニア(ES)	0.013	7. 関連会社コーディネーター(JP)	0.020	23. イベント・プロデューサー(JP)	0.006
29. 運営担当マネジャー(ES)	0.014	26. 欧州拠点マネジャー(NL)	0.024	2. 広報宣伝部長(JP)	0.007
ネットワーク平均	0.015	ネットワーク平均	0.027	ネットワーク平均	0.008
フェーズ4		フェーズ5		フェーズ6	
35. プロジェクト・エンジニア(ES)	0.005	35. プロジェクト・エンジニア(ES)	0.006	35. プロジェクト・エンジニア(ES)	0.006
36. テクニカル・マネジャー(ES)	0.005	36. テクニカル・マネジャー(ES)	0.006	36. テクニカル・マネジャー(ES)	0.006
7. 関連会社コーディネーター(JP)	0.006	9. 関連会社デザイナー(JP)	0.006	9. 関連会社デザイナー(JP)	0.006
23. イベント・プロデューサー(JP)	0.006	23. イベント・プロデューサー(JP)	0.007	23. イベント・プロデューサー(JP)	0.007
2. 広報宣伝部長(JP)	0.007	7. 関連会社コーディネーター(JP)	0.008	7. 関連会社コーディネーター(JP)	0.008
ネットワーク平均	0.008	ネットワーク平均	0.010	ネットワーク平均	0.010
フェーズ7		フェーズ8		フェーズ9	
35. プロジェクト・エンジニア(ES)	0.006	35. プロジェクト・エンジニア(ES)	0.006	9. 関連会社デザイナー（JP)	0.006
36. テクニカル・マネジャー(ES)	0.006	36. テクニカル・マネジャー(ES)	0.006	35. プロジェクト・エンジニア(ES)	0.006
9. 関連会社デザイナー(JP)	0.006	9. 関連会社デザイナー(JP)	0.006	36. テクニカル・マネジャー(ES)	0.006
23. イベント・プロデューサー(JP)	0.007	23. イベント・プロデューサー(JP)	0.007	27. チーフデザイナー(JP)	0.007
7. 関連会社コーディネーター(JP)	0.008	7. 関連会社コーディネーター(JP)	0.008	2. 広報宣伝部長(JP)	0.007
ネットワーク平均	0.010	ネットワーク平均	0.010	ネットワーク平均	0.009
フェーズ10					
9. 関連会社デザイナー　(JP)	0.008				
30. 施工ゼネラル・マネジャー(ES)	0.009				
7. 関連会社コーディネーター(JP)	0.010				
2. 広報宣伝部長(JP)	0.010				
27. チーフデザイナー(JP)	0.010				
ネットワーク平均	0.045				

出所：分析結果に基づき筆者作成。

ター (JP)（0.006）であった。このノードの属性から，展示関係を設計する上での技術的なオペレーション，エンジニアリングに関する知識が共有され，活用された可能性がある。この3つのノードに続いているのが，23. イベント・プロデューサー (JP)（0.06）と 2. 出展企業の広報・宣伝部長 (JP)（0.07）である。

　続く，P5からP8においては，近接中心性（平均）は一定（0.010）であった。このフェーズ（P）での近接中心性の高いノードは，35. 映像音響・IT機材関連会社のプロジェクト・エンジニア (ES)（0.006）と 36. テクニカル・マネジャー (ES)（0.006），9. 関連会社のデザイナー (JP)（0.006）である。この3つのノードに続いているのが 23. イベント・プロデューサー (JP)（0.06）と 7. 出展企業関連会社のコーディネーター (JP)（0.006））である。以上の近接中心性の高いノードの上位5人の変化から，P3およびP4では，出展関係の各事業部の要望などの実現するための技術的な専門的知識の共有と活用がなされた可能性が高い。その後，P5からP8では技術的なソリューションから，より具体的な展示物のデザインへ発展させるプロセスに対応する専門的知識が必要になったと推定される。

(2) 平均経路長および平均クラスター係数

　平均経路長および平均クラスター係数の推移により，ネットワーク構造の変化を検証する（図7-2，参照）。近接中心性（平均）が一定であったP5からP8においては，平均経路長と平均クラスター係数にもある特徴が示された。その点について言及する。P5からP8では，このネットワークにおける短い平均経路長（3.171）と，高い平均クラスター係数（0.197）のスモールワールド・ネットワークの特性が見られ，凝集性が高まっていると推定される。これらのフェーズ（P）においてはノード数も34と一定であり，ノード数による影響はないと考えられる。このように短い平均経路長（3,171）と，高い平均クラスター係数（0.197）を同時に示したP5からP8の間では，凝集性が高いネットワーク構造の特性によって，複雑なシステムや映像・IT機器を使った展示などの改善に必要な専門的知識の共有が可能となる。具体的にどのような専門的知識が共有され，活用されたかに関しては，電子メールと議事録のデータか

図7-2 出展プロジェクト（2016）における平均経路長（PL）および平均クラスター係数（CC）の推移

出所：分析結果に基づき筆者作成。

らテキストマイニングによって抽出する。

(3) テキストマイニングによるキーワードの抽出

　本項では，電子メールおよび定例会議などの議事録のデータを使ったテキストマイニングによって，テキストに含まれる出現頻度の高い単語（名詞・動詞）の上位5つを抽出した（表7-4, 参照）。名詞と動詞に絞ったのは，共有される専門的知識の内容と，その活用のされ方を類推するためである[5]。近接中心性の平均値が小さいP3（0.008）およびP4（0.008）に着目すると，この両フェーズにおいて名詞では「MWC（見本市の名称）」（P3・P4），「デザイン」（P3・P4），「フロア」（P3・P4），「連絡」（P4），「実施」（P3），「展示」（P4）というキーワードが抽出された。動詞では「思う」（P3・P4），「いたす」（P3・P4），「出来る」（P3・P4），「受ける」（P3），「行く」（P4），「教える」（P3）「踏まえる」（P4）というキーワード抽出された。これらのキーワードからは，各事業部から要望が出されるMWCでの展示の実施に必要な技術的ソリューションに関する知識が共有されたことが推測される。キーワードの文脈については，聞き取り調査で確認する。続く，近接中心性の平均値は一定であった

表7-4 テキストマイニングによって抽出されたキーワード（名詞・動詞）

	フェーズ1	フェーズ2	フェーズ3	フェーズ4	フェーズ5
降順	頻出名詞	頻出名詞	頻出名詞	頻出名詞	頻出名詞
1	図面	案件	MWC	MWC	見積もり
2	レイアウト	MWC	デザイン	フロア	施工
3	実施	必要	レイアウト	連絡	確認
4	資料	発注	実施	デザイン	デザイン
5	デザイン	施工	フロア	展示	共有
降順	頻出動詞	頻出動詞	頻出動詞	頻出動詞	頻出動詞
1	思う	および	思う	思う	思う
2	出来る	しまう	いたす	いたす	もらう
3	受ける	いただく	出来る	出来る	出来る
4	いただける	含める	受ける	行く	送る
5	見せる	分ける	教える	踏まえる	合わせる
	フェーズ6	フェーズ7	フェーズ8	フェーズ9	フェーズ10
降順	頻出名詞	頻出名詞	頻出名詞	頻出名詞	頻出名詞
1	提案	期限	図面	確認	登録
2	連絡	定例会	ルーム	施工	現地
3	デザイン	見積もり	壁面	機材	施工
4	スケジュール	発注	ブリーフィング	修正	最終
5	システム	決定	防音	図面	保管
降順	頻出動詞	頻出動詞	頻出動詞	頻出動詞	頻出動詞
1	出来る	思う	する	思う	する
2	含める	出来る	いる	いただく	思う
3	送る	送る	思う	含める	届く
4	進める	決める	なる	出す	出来る
5	知る	まとめる	ある	もらう	問い合わせる

出所：分析結果に基づき筆者作成。

P5からP8（0.010）においては，「見積もり」（P5・P7），「施工」（P5），「確認」（P5），「デザイン」（P5・P6），「共有」（P5），「提案」（P6），「連絡」（P6），「スケジュール」（P6），「システム」（P6），「期限」（P7），「定例会」（P7），「発注」（P7），「決定」（P7），「図面」（P8），「ルーム」（P8），「壁面」（P8），「ブリーフィング」（P8），「防音」（P8）というキーワードが抽出された。動詞では「思う」（P5・P7・P8），「もらう」（P5），「出来る」（P5・P6・P7），「送る」（P5・

P6・P7)，「合わせる」(P5)，「含める」(P6)，「知る」(P6)，「進める」(P6・P7)，「決める」(P7)，「まとめる」(P7)，「する」(P8)，「いる」(P8)，「なる」(P8)，「ある」(P8) というキーワード抽出された。この期間においては，「施工」・「システム」・「発注」・「決定」・「期限」に関する知識が共有され，実施プランの決定と，それに付随する「予算」・「見積もり」に関する知識が共有されて，活用されたと考えられる。P3およびP4と同じく，キーワードの文脈については，聞き取り調査で確認する。

(4) 聞き取り調査

テキストマイニングの形態素解析によってキーワードを抽出した。しかしながら，単純に頻出するキーワードを抽出するだけでは有効な知見を得ることは難しい。そこで，テキストマイニングによって抽出されたキーワードの文脈を確認する意図で，近接中心性の平均値が小さいP3およびP4，続く，P5からP8に焦点をあてて，近接中心性の高いノードを含む，主要なプロジェクトの関係者に対して，聞き取り調査をおこなった（表7-5，参照）。このプロジェクトを実行するにあたって，どのようなことがプロジェクトの課題であり，その課題解決にはどのような専門的知識が必要とされたかについて半構造的な聞き取り調査を行った。聞き取り調査は2016年2月20日，21日に会場にて関係者9名に1回のみ，約1時間程度を実施した。

P3およびP4では，どのようなことが業務上の課題であったか，また，その課題解決にはどのような専門的知識が必要とされたかについて以下のような回答が得られた。

3. <u>宣伝担当マネジャー（JP）</u>
「ブースのデザインを開発するにあたって，出展テーマを決める必要がありました。企業ブランドの理解も促進する必要があるからです」

7. <u>関連会社コーディネーター（JP）</u>
「各事業部の希望される出展企画のとりまとめをしなければならず，各展示に必要な技術的なソリューションが必要になりました」

表7-5　出展プロジェクト（2016）における聞き取り調査協力者の属性

聞き取り調査対象者	所属・業務内容	近接中心性上位
3. 宣伝担当マネジャー（JP）	出展企業にて出展企画のとりまとめ，予算管理	―
7. 関連会社コーディネーター（JP）	出展企業にて各事業部の出展要望の整理，具体化	○
12. 出展社担当ディレクター（UK）	主催社にてレギュレーションに基づく指導・許可	―
18. アカウントディレクター（JP）	広告会社にて出展企画の調整，出展企業対応	―
23. イベント・プロデューサー（JP）	広告会社関連企業にて出展企画の具体化，現地企業との調整	○
24. イベント・ディレクター（JP）	広告会社関連企業にて出展企画の具体化，現地企業との調整	―
28. 総合プロデューサー（ES）	イベント会社にて出展企画の具体化，各協力会社との調整	○
35. プロジェクト・エンジニア（ES）	AV・IT機材関連会社にて出展企画の技術的ソリューション提供	○
36. テクニカル・マネジャー（ES）	AV・IT機材関連会社にて出展企画の技術的ソリューション提供	○

出所：筆者作成。

28．総合プロデューサー（ES）

「ブースのデザインの開発にあたって，出展のテーマやコンセプトについてビデオ会議とメールでアイデアを交換した」

35．プロジェクト・エンジニア（ES）

「展示に関係するAV・ITの機材の選定や実現の可能性について，具体的なソリューションが求められた。コストを削減する方法に関してもアイデアが必要とされた」

抽出されたキーワードの文脈として，各事業部から要望が出されるMWCでの展示の実施に必要な技術的なソリューションに関する知識が共有されたことがわかる。その背景には出展テーマやコンセプトに基づくブランディングという目的があると考えられる。ブランドへの信頼性を来場者に実感してもらうために必要な技術的な専門的知識が共有され，活用されたと理解できる。

次に，ネットワークの凝集性が高まったP5からP8では，同様の質問内容ついて，以下のような回答が得られた。

3. 宣伝担当マネジャー（JP）
　「デザインを決定するにあたって，施工の効率化，費用の削減がどの程度可能かについても議論した。各展示や商談用ラウンジ，会議室の改善案の具体化が必要でした」

7. 関連会社コーディネーター（JP）
　「出展企画の展示に必要な技術的なソリューションを要件確認しながら，具体化していきました」

23. イベント・プロデューサー（JP）
　「施工の発注期限があったので，展示デザインについての確認をスペインの施工会社とおこなった」

35. プロジェクト・エンジニア（ES）
　「展示用のモニターやPC，サーバーなどの機材について詳細のリクエストを受けて，よりよい技術的な，費用も抑えられるソリューションを提案した」
　補足として，近接中心性（平均値）が大きくなったP10（0.045）では同様の質問ついて，以下のような回答が得られた。

3. 宣伝担当マネジャー（JP）
　「実施まで時間もなくなり，施工や運営，機材関係に関する細かい要望の最終確認をおこないました」

7. 関連会社コーディネーター（JP）
　「出展企画の最終調整です。その展示に必要な技術的なソリューション，動作確認などをおこないました」

22. 運営担当プロデューサー（JP）
「運営スタッフ用のマニュアルを作成しました。入場されるお客様の対応のフローなどのシュミレーションした情報を共有しました」

24. イベント・ディレクター（JP）
「会議室の顔認証システムについては，急遽，イベント直前に実施が，決定した展示であるためスペインの現地側との調整が必要でした」

35. プロジェクト・エンジニア（ES）
「現場で使う AV 機材や顔認証のシステムについての動作環境を確認した」

P10 では，プロジェクトが現地での実施段階に入ったため，最終確認作業に必要なやり取りがおこなわれていた。また，近接中心性が高いノード以外の現場で必要となる知識（運営関係など）の共有と活用がなされていたことが推定される。

(5) 国際見本市出展プロジェクトにおける知識の共有プロセス

国際見本市出展プロジェクトにおける知識の共有と活用のプロセスについて整理する。本章は社会ネットワークを知識の共有と活用を行うための経路として捉えており，ネットワーク全体でのノードの相互作用に対する影響力を示す近接中心性について着目した。また，平均経路長とクラスター係数（平均値）にも焦点をあて，ネットワーク構造の特性として，スモールワールド・ネットワーク的な凝集性についても検討してきた。第 1 に，近接中心性（平均）が小さい P3（0.008）および P4（0.008）では展示企画を具体化するための技術的なソリューションに関する知識が共有されたと考えられる。他のノードに対して影響力を及ぼしやすく，情報を伝達しやすかったノードは以下の通りである。

- 35. 映像音響・IT 機材関連会社のプロジェクト・エンジニア（ES）
- 36. テクニカル・マネジャー（ES）
- 7. 出展企業関連会社のコーディネーター（JP）
- 23. イベント・プロデューサー（JP）

・2. 広報宣伝部長（JP）

図7-3はP3におけるネットワーク構造を描画したものである。

第2に，P5からP8では，ネットワークにおける短い平均経路長（3.171）と高い平均クラスター係数（0.197）の凝集性が高い特性が見られた。したがって，P5からP8の期間では，凝集性が高いネットワークの特性によって，複雑なシステムや映像・IT機器を使った展示などの改善に必要な専門的知識の共有が可能となる。具体的には，各展示に対して提案内容の説明用の資料をサーバーから送出するためのサーバーの設置と接続や，会議室の施錠を顔認証のシステムを使って管理するシステムの設置など技術的な課題解決が必要とされた。

短い経路長と高クラスター係数が同時に実現されると，活用型学習に優れ，同質化を展開しやすく，高い実行能力を持つネットワークが構成される。これはMWCのような専門性の高い国際見本市のプロジェクトでは，「施工」・「システム」・「発注」・「決定」・「期限」に関する知識が共有され，実施プランの決定を円滑にする必要に対応している。「施工」・「システム」・「発注」・「決定」・

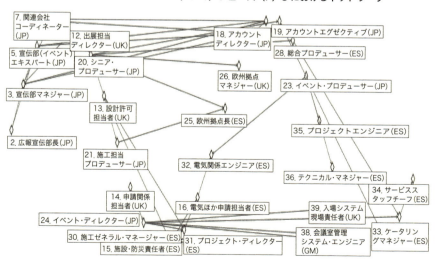

図7-3　出展プロジェクト（2016）フェーズ（P）3におけるネットワーク

出所：NodeXL（Version1.01.251）を使用し，筆者作成。

図7-4 出展プロジェクト（2016）フェーズ（P）5におけるネットワーク

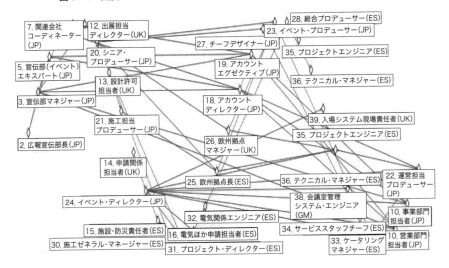

出所：NodeXL（Version1.01.251）を使用し、筆者作成。

「期限」に付随する「予算」・「見積もり」に関する知識も共有し、迅速に意思決定をすることが重要である。

図7-4はP5におけるネットワークを描画したものである。

第4節 小　括

ネットワーク構造の特性と知識の共有・活用プロセスについてまとめる。モバイル・通信事業者のためのMWCというB to B（企業間取引）の国際見本市の性質上、専門家を対象とした企画や運営が求められる。現場のオペレーションでは、通信事業者に対するネットワークビジネスに関する展示に、非常に複雑なシステム構築をしなければならなかった。そのためには、P3、P4において、映像・ITの機材に関する専門的知識が共有され、活用される。P5からP8では、凝集性が高いネットワークが構築され、複雑な技術展示のソ

リューションの知識を共有して，展示企画や運営オペレーションにおける細かい改善を可能にした。技術的・専門的知識を持つノードが影響力を与える役割を担っていた理由も，オペレーションの改善が第一の目的になっていたことが推定される。続く P5 から P8 では，そのような技術的な専門的知識を，さらに深く掘り下げて，改善していくために，活用型学習に優れ，成果をあげやすいネットワークが構成されていた。

図 7-5 は出展プロジェクト（2016）におけるネットワーク構造の特性と知識共有のプロセスについて整理したものである。

本章は国境を越えて実施されるプロジェクトのために構築されるネットワークにおいて誰が，どのように関係して，どのような専門的知識を共有しているのかに関して動態的な分析を試みた。MWC のような国境を越えたプロジェクトの実現のためには，第1に知識と経験を有する専門家が結集し，ネットワークを構築する必要がある。第2に，その専門的知識は，プロジェクトの初期段

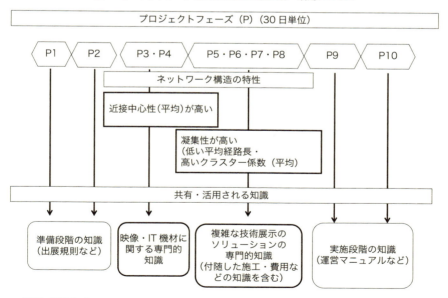

図 7-5　ネットワーク構造の特性と知識共有・活用プロセス

出所：筆者作成。

階から共有され，中期において凝集的なネットワークを構成しながら，課題へのソリューションの具現化に向けて，専門的知識の共有と活用を進めることが必要である。特に，事例として取り上げたMWCのように高度な専門的知識が不可欠で，オペレーションの「改善」が重要なミッションになる場合は，プロジェクト中期のタイミングで凝集性の高いネットワークを構成することが，その成果に有効であると考えられる。

　本章の分析は，研究者と実務家に対して次のような意義をもっている。第1に学術的なインプリケーションとしては，社会ネットワーク分析とテキストマイニングの両ツールを併用して，国際見本市出展プロジェクトにおけるネットワークを動態的に分析したことにある。その結果，知識の共有と活用の経路としてのネットワークの発達過程を時系列で明らかにした。このことは，組織論や社会的関係資本（Social Capital）やネットワーク研究に対して若干の貢献ができた。第2に実務的なインプリケーションとしては，プロジェクトにおいてネットワークを構築しながら，知識の共有と活用をおこなう際に参考となる事例研究を提示したことにある。プロジェクトに必要な高度な専門的知識を円滑に共有し，活用するためにはネットワークの凝集性をある一定の期間，高めていくことが有効であることを示した。

注
1　JETROによると2016年には世界で2240の国際見本市・展示会が開催される。そのうちアジアが1054，次に欧州・CISが673，北米では264の見本市が開催される。
2　MWCは通信・ネットワークモバイルに関連する企業が出展する世界最大の国際見本市である。
3　筆者は2015年11月14日に多国籍企業学会東部例会（明治大学）において，類似の分析手法を用いてミラノ・サローネにおけるシチズン時計のプロジェクト組織の社会ネットワーク分析を報告した。
4　対象となる各フェーズ（P）の電子メール数の詳細は，P1：520通，P2：582通，P3：678通，P4：690通，P5：750通，P6：794通，P7：89通，P8：613通，P9：593通，P10：421通である。
5　テキストに含まれる出現頻度の名詞・動詞の他にも形容詞についても抽出したが，発話者の個性が強く反映されるため，分析結果からは削除した。

第 8 章
専門的知識の国際移転における広告会社の役割

第 1 節　はじめに

　広告主が企業や製品のブランド構築などのコミュニケーションに関わるプロジェクトの企画や実施を広告会社に依頼することは珍しくない。しかしながら，広告会社の誰が，どのように，そのプロジェクトに関与しているのかという実態については不明な点が多い。国境を越えて展開されるコミュニケーションに関わるプロジェクトが増えるなか，プロジェクト組織において広告会社は，どのような役割を果たすべきであるかが本章の問題意識である。そこで，プロジェクト組織における広告会社に属する個人の役割を解明するために，構築されるネットワークを動態的に分析する。そして，広告会社に属する個人の役割の総体としての広告会社の役割を論じる。ネットワーク研究では，従業員のネットワークにおいては個々の従業員がノードに相当する（牛丸，2014）。本章では出展企業，広告会社グループ，国内外の協力会社に属する個人をノードとして扱う。また，ネットワークをコミュニケーション経路として捉えて，どのような専門的知識が組織化されたのかに関して，電子メールや議事録のテキストマイニングによって明らかにする。補足的ではあるが主要なノードに対しての聞き取り調査を行なった。

　本章における専門的知識の組織化とは，暗黙知と形式知の相互作用（野中・竹内，1995，1996）によって創造された専門的知識を個人から個人，集団，さらには組織へと共有し，活用することであり，必要に応じて新しい知識を創造することを意味している。具体的には，プロジェクトのコンセプト策定，空間演出のデザインや技術的設計，制作物（展示・印刷）のデザイン，PR プラン，運営，ホスピタリティ，実施マニュアルの制作などの業務内容が対象となる。

企業のブランド構築を目的とするコミュニケーションに関わるプロジェクト組織の事例として取り上げるのは，2014年4月に開催されたミラノ・サローネ（正式名称：Salone Internazionale del Mobile di Milano）における，日本の時計メーカーであるシチズン時計株式会社を出展企業とするプロジェクト組織である[1]。ミラノ・サローネはFIERA（フィエラ）と呼ばれる国際家具見本市の本会場と，ミラノ市内各所で開かれる通称FUORI SALONE（フォーリ・サローネ）と呼ばれるさまざまな会場を使って実施されるイベントによって構成されている。シチズン時計はこのFUORI SALONE（フォーリ・サローネ）の主要な会場のひとつであるトリエンナーレ美術館に出展した。

本章がこの出展プロジェクトを分析の対象とした理由は第1に家具のみならず家電・自動車などのグローバル・ブランディングにおいてデザインという要素が重要になっており，国際的にミラノ・サローネが注目されていることにある。2014年にはLEXUS，パナソニック，マツダ，アイシン精機，YKK，HYUNDAI，MINI（BMW），Hermès等が出展した。第2にプロジェクトの企画段階から実施段階までの電子メールや議事録データなどが存在しており，ネットワーク構造の動態的変化の観察に適していたことが挙げられる。

本章の構成は以下の通りである。まず第2節では，事例分析の対象および調査方法について説明し，社会ネットワーク分析（以下，ネットワーク分析）とコミュニケーション内容のテキストマイニング，聞き取り調査の結果を示す。第3節では，ネットワーク構造の動態的変化と専門的知識の組織化という視点から広告会社の役割について考察する。最後に，本章のインプリケーションを小括する。

第2節　事例分析

(1) ミラノ・サローネ出展プロジェクト組織

先述したように本章は，シチズン時計を出展企業とするミラノ・サローネのプロジェクト組織を事例として取り上げる。ミラノ・サローネは，2014年4月7日から同13日までを会期として開催された。出展企業であるシチズン時

計がグローバル・ブランディング活動の一環として，この出展を決定したのは，2013年10月中旬であったが，本章は決定前の提案・検討段階からプロジェクト組織が構築されていたと考えている。このプロジェクト組織に参加した広告会社のアサツーディ・ケイ（ADK）や国内外の協力会社には，過去に他のクライアント企業のミラノ・サローネのプロジェクトに関与した経験を持っていた。このプロジェクト組織にとっては，出展場所も企画内容も未定の状態から，約7ヶ月でこのプロジェクトを成功に導くためには，国内外の協力会社の経験と専門的知識の共有と活用が不可欠であった。

(2) 事例分析の方法
① ネットワーク分析

まず，プロジェクト組織におけるネットワーク構造の特性を明らかにするために，関係者間の電子メールのやり取りをデータとして使用するネットワーク分析を行う。ネットワーク分析を行うにあたって，本プロジェクト組織におけるノードの属性を分類した（表8-1，参照）。主なノードは，総勢42名である。その内訳は，出展企業であるシチズン時計から18名であった。国内（日本人：JP）11名と海外拠点7名（（イタリア人：IT）4名，欧州本社（日本人：JP）1名，北米（アメリカ人：US）2名）である。広告会社ADKグループからは7名（国内（日本人：JP）），外部協力会社は合計17名で，国内は6名（日本人：JP）であった。海外は11名（（イタリア人：IT）4名，（日本人：JP）4名，（フランス人：FR）1名，（イギリス人：UK）1名，（オランダ人：NL）1名））である。ネットワーク分析では，これらのノードの関係がどのように構築されたかについて検討する。

ここでインタラクションの時間と頻度に関する配慮として，同じノード間で5回以上の送受信が1ヶ月間になされた電子メールを分析の対象にした。そのような条件のもと，電子メールの発信者に対して応答のあった場合にネットワークのリンク（各ノード間のつながり）が張られたとする。分析の事前処理として，メールによる対話があった場合を1，なかった場合を0とコード化する（牛丸，2014）。

このように事前処理を行ったデータを使い，2013年9月27日（出展の企画

表8-1 ミラノ・サローネ出展プロジェクト組織のノードの属性

出展企業	広告会社（グループ会社含む）	外部協力会社（海外）
シチズン時計（国内）●	アサツーディ・ケイ（国内）◎	建築事務所（パリ）△
1. 広報・宣伝担当役員（JP）	担当営業部門	32. 空間デザイナー（JP）
2. 戦略企画室マネージャー（JP）	19. 営業副本部長（JP）	33. 空間デザイナー（FR）
3. 戦略企画室スタッフ（JP）	20. アカウントディレクター（JP）	34. アシスタント（UK）
4. 宣伝・広報部長（JP）	21. アカウントエグゼクティブ（JP）	35. コーディネーター（JP）
5. 広報マネージャー（JP）	担当スタッフ部門（プロモーション局）	照明・音響演出会社（アムステルダム）△
6. デザイン部長（JP）	22. シニアプロデューサー（JP）	36. 演出プロデューサー（JP）
7. チーフデザイナー（JP）	制作会社 ADK アーツ海外担当グループ	37. 演出スタッフ（NL）
8. デザイナー（JP）	23. イベント・プロデューサー（JP）	デザイン事務所（ミラノ）△
9. デザイナー（（JP）	24. イベント・ディレクター（JP）	38. ミラノ運営チーフ（JP）
10. デザイナー（（JP）	25. アシスタントディレクター（JP）	39. ミラノ運営スタッフ（IT）
11. デザイナー（JP）	外部協力会社（国内）	海外 PR 会社（ミラノ）△
シチズン時計（海外拠点）○	デザイン事務所（東京）▲	40. ミラノ PR マネジャー（IT）
12. イタリア拠点代表（IT）	26. 東京コーディネーター（JP）	41. ミラノ PR スタッフ（IT）
13. イタリア拠点幹部（IT）	27. 東京チーフデザイナー（JP）	現地施工会社（ミラノ）△
14. イタリア拠点 PR 担当（IT）	28. 東京運営スタッフ（JP）	42. 施工現場責任者（IT）
15. イタリア拠点営業担当（IT）	国内 PR（外部 PR 会社）▲	
16. 欧州本社社長（JP）	29. 東京 PR マネジャー（JP）	
17. アメリカ拠点 VP（US）	30. 東京 PR プランナー（JP）	
18. アメリカ拠点 PR 担当（US）	31. 東京 PR アシスタント（JP）	

（注）役職は当時。各ノードの属性は●出展企業シチズン時計（国内），○シチズン時計（海外拠点），◎広告会社（グループ会社含む），▲外部協力会社（国内），△外部協力会社（海外）によって示されている。
出所：筆者作成。

提案日）より2014年4月24日（実施報告書の提出日）までを30日ごとに均等に7つのフェーズ（Phase，以下P）に分割し，ネットワーク分析を行う。P1は2013年9月27日－10月26日，P2は2013年10月27日－11月25日，P3は2013年11月26日－12月25日，P4は2013年12月26日－2014年1月24日，P5は2014年1月25日－2月23日，P6は2014年2月24日－3月25日，P7は2014年3月26日－4月24日である。このように均等に分割したのは，恣意的にプロジェクトの発展過程を区分することを避け，客観的に分析をおこなうという意図によるものである。

表8-2はP1における電子メールにより作成されたノード間の関係の有無（1

表8-2 （例）フェーズ（P）1におけるノード間のソシオマトリックス

属性		1.広報・宣伝担当役員(JP)	2.戦略企画室マネジャー(JP)	4.宣伝・広報部長(JP)	6.デザイン部長(JP)	7.チーフデザイナー(JP)	12.イタリア拠点代表(IT)	19.営業副本部長(JP)	20.アカウントディレクター(JP)	21.アカウントエグゼクティブ(JP)	22.シニアプロデューサー(JP)	26.東京コーディネーター(JP)	27.東京チーフデザイナー(JP)	32.(パリ)空間デザイナー
●	1.広報・宣伝担当役員(JP)	0	1	1	1	1	1	1	1	1	1	0	0	0
●	2.戦略企画室マネジャー(JP)	1	0	1	1	1	1	0	1	1	1	1	1	1
●	4.宣伝・広報部長(JP)	1	1	0	1	1	1	0	0	0	1	1	1	1
●	6.デザイン部長(JP)	1	1	1	0	1	1	0	0	0	0	1	1	1
●	7.チーフデザイナー(JP)	1	1	1	1	0	1	0	0	0	0	1	1	1
○	12.イタリア拠点代表(IT)	1	1	1	1	1	0	0	0	0	0	1	1	1
◎	19.営業副本部長(JP)	1	0	0	0	0	0	0	1	1	1	1	0	0
◎	20.アカウントディレクター(JP)	1	1	0	0	0	0	1	0	1	1	1	0	0
◎	21.アカウントエグゼクティブ(JP)	1	1	0	0	0	0	1	1	0	1	1	0	0
◎	22.シニアプロデューサー(JP)	1	1	1	0	0	0	1	1	1	0	1	0	0
▲	26.デザイン事務所・東京コーディネーター(JP)	0	1	1	1	1	1	1	1	1	1	0	1	1
▲	27.デザイン事務所・東京チーフデザイナー(JP)	0	1	1	1	1	1	0	0	0	0	1	0	1
△	32.建築事務所(パリ)空間デザイナー(JP)	0	1	1	0	0	0	0	0	0	0	1	1	0

（注）役職は当時。各ノードの属性は，●出展企業シチズン時計（国内），○シチズン時計（海外拠点），◎広告会社（グループ会社含む），▲外部協力会社（国内），△外部協力会社（海外）によって示されている。

出所：筆者作成。

または0）を示す隣接行列であるソシオマトリックスは，双方向の無向グラフを例示したものである（安田，2001）。このようにP1からP7まで同様の電子メール・リンクのソシオマトリックスを作成し，ネットワーク分析をおこなった。本プロジェクト期間中にやり取りされ，分析対象となる電子メール数は，P1では358通，P2では475通，P3では881通，P4では893通，P5では870通，P6では599通，P7では425通である。合計4501通である。ネットワーク分析のソフトはNodeXL（Version1.01.251）を用いた。

② コミュニケーションの内容分析

構築されたネットワーク経路で共有された知識の内容を，そのフェーズにおける電子メール，議事録データを使用したテキストマイニングによって検証する。メールデータと議事録データを使った組織化された知識の内容を推定する

必要については，膨大な情報のうち，何が組織化されることになったのかを，この研究で抽出していくことにある。このプロジェクトに関しては，平均すると週に2回から3回程度の関係者による定期的な会議がおこなわれていた。議事録における発言者は，ネットワーク分析の対象である表8-1のノードと同一である。平均的な会議時間は2時間から3時間である。定例会議では，プロジェクトの進行状況の確認や解決すべき問題などが議論され，多くの意思決定がなされた。その内容は詳細に議事録に記録されて共有されており，プロジェクトの実現にどのような知識が組織化されたかを検討することが可能になる。

本章では，テキストマイニングのソフトはKH Coderを用いた。テキストマイニングの形態素解析は，意味をもった最小の音型である形態素を集計することによって，キーワードを抽出することが可能である。手順としては，すべてのフェーズを対象として，KH Coderの設定による頻出単語（名詞，動詞，形容詞，副詞，感動詞，未知語）を抽出した。その中から頻出名詞の出現パターンに絞って，固有名詞，人名，組織名を排除ワードとして，共起関係を分析した。共起関係を描画するにあたっては，2つのテキストの集合の類似度を測定するJaccard係数を0.1として設定し，関連がある名詞の共起関連を分析した。ただし，単純に頻出する単語をみるだけでは有効な知見を得ることは難しいとする指摘もある（斉藤，2012）。そこで，テキストマイニングによって抽出されたキーワードを検証するために，補足的に主要な関係者に対して聞き取り調査をおこなった[2]。

第3節 考　察

(1) 本プロジェクト組織のネットワーク分析

① 媒介中心性（平均値）

図8-1は，プロジェクト期間を均等に7分割して，双方向の無向グラフによるネットワーク分析をおこなった結果である。

各フェーズでの知識へアクセスするためにネットワークを使った可能性を示す媒介中心性の平均値によるネットワーク構造の変化を示している。情報や知

第3節 考察

図8-1 ネットワーク分析による媒介中心性（平均値）の推移

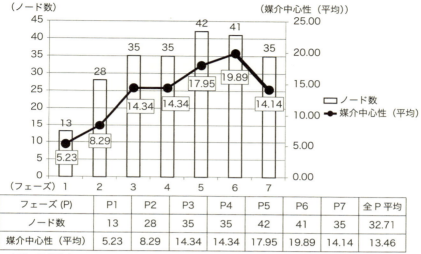

フェーズ (P)	P1	P2	P3	P4	P5	P6	P7	全P平均
ノード数	13	28	35	35	42	41	35	32.71
媒介中心性（平均）	5.23	8.29	14.34	14.34	17.95	19.89	14.14	13.46

出所：筆者作成。

識の流れを統制し，ノード間の橋渡し役をしているノードを特定するのが，媒介中心性である。使用したネットワーク分析ソフトNodeXLでは媒介中心性が当該ノードを通る経路数として表示され，本章では検出された数値をそのまま記述している。

　このプロジェクト全期間の媒介中心性の平均値は13.46である。この値に対して，P5（17.95）およびP6（19.99）は高い数値を示している。この結果は，プロジェクトの後半部分にあたるP5，P6において，プロジェクト組織がネットワークを使い国内外の協力会社の専門的知識を共有し，組織化した可能性がある。また，P7における媒介中心性およびノード数の減少は，プロジェクトの最終段階にともなう構造的な変化を反映していると考えられる。ただし，留意すべき点として，P1（13ノード）からP5（42ノード）においてノード数が大きく増加していることが挙げられる。連結グラフの性質上，ノード数の増加は媒体中心性の絶対値を増加させる傾向がある。その点も踏まえて，各ノードの媒介中心性がどのように推移しているかについて検討する（表8-3，参照）。

　広告会社グループに属するノードのうち，P3とP6に着目すると，P3では

表 8-3 出展プロジェクトにおける媒介中心性上位ノード

フェーズ (P) 1		属性	フェーズ (P) 2		属性	フェーズ (P) 3		属性
ノード	媒介中心性		ノード	媒介中心性		ノード	媒介中心性	
1. 広報・宣伝担当役員(JP)	14.33	●	5. 広報マネジャー(JP)	56.45	●	22. シニアプロデューサー(JP)	195.67	◎
2. 戦略企画室マネジャー(JP)	7.60	●	22. シニアプロデューサー(JP)	40.81	◎	13. イタリア拠点幹部(IT)	99.17	○
4. 宣伝・広報部長(JP)	6.07	●	2. 戦略企画室マネジャー(JP)	26.17	●	40. ミラノPRマネジャー(IT)	85.06	○
20. アカウントディレクター(JP)	1.60	◎	21. アカウントエグゼクティブ(JP)	13.36	◎	28. 東京運営スタッフ(JP)	70.86	▲
21. アカウントエグゼクティブ(JP)	1.60	◎	20. アカウントディレクター(JP)	10.28	◎	12. イタリア拠点代表(IT)	67.00	○
平均	2.62		平均	8.29		平均	23.58	

フェーズ (P) 4		属性	フェーズ (P) 5		属性	フェーズ (P) 6		属性
ノード	媒介中心性		ノード	媒介中心性		ノード	媒介中心性	
2. 戦略企画室マネジャー(JP)	144.72	●	2. 戦略企画室マネジャー(JP)	184.42	●	22. シニアプロデューサー(JP)	111.88	◎
28. 東京運営スタッフ(JP)	71.18	▲	22. シニアプロデューサー(JP)	108.29	◎	28. 東京運営スタッフ(JP)	70.52	▲
22. シニアプロデューサー(JP)	53.03	◎	10. デザイナー(JP)	60.24	●	7. チーフデザイナー(JP)	66.47	●
5. 広報マネジャー(JP)	48.79	●	3. 戦略企画室スタッフ(JP)	50.22	●	4. 宣伝・広報部長(JP)	54.85	●
20. アカウントディレクター(JP)	21.62	◎	5. 広報マネジャー(JP)	47.40	●	24. イベント・ディレクター(JP)	53.00	◎
平均	14.34		平均	17.95		平均	19.89	

フェーズ (P) 7		属性
ノード	媒介中心性	
2. 戦略企画室マネジャー(JP)	143.84	●
28. 東京運営スタッフ(JP)	70.41	▲
22. シニアプロデューサー(JP)	50.00	◎
5. 広報マネジャー(JP)	48.11	●
20. アカウントディレクター(JP)	21.10	◎
平均	14.14	

(注) 役職は当時。各ノードの属性は，●出展企業シチズン時計（国内），○シチズン時計（海外拠点），◎広告会社（グループ会社含む），▲外部協力会社（国内），△外部協力会社（海外）によって示されている。

出所：筆者作成。

(22. シニアプロデューサー），P6 では（22. シニアプロデューサーおよび 24. イベント・ディレクター）の媒介中心性が高く，これらのフェーズ（P）において，担当スタッフ部門に属するノードが，プロジェクト組織における専門的知識を橋渡しする役割を果たしていたことが推定される。

② 平均経路長および平均クラスター係数

短経路長・高クラスター係数が活用型学習に優れ，同質化を展開しやすく，高い実行能力を持つスモールワールド・ネットワークを示す指標である（図

第3節 考 察 127

8-2, 参照)。

　P1では短い平均経路長（1.33）と，高い平均クラスター係数（0.77）が見られた。しかしながら，この結果はP1のノード数が13と少ないことが影響しているとも考えられる。そのことは，ノード数が28に増加したP2においては，平均経路長（1.56）と平均クラスター係数（0.70）という結果に推移したことからもサンプルサイズの影響を受けていると推定される。すなわち，プロジェクト初期段階において，凝集性が高いスモールワールド・ネットワークの性質が見られるとは断定できない。一方で，媒介中心性の平均値が高いP5（17.95）とP6（19.89）の平均経路長と平均クラスター係数については，次のような結果となった。P5は長い平均経路長（1.85）と低い平均クラスター係数（0.58）である。同様に，P6でも長い平均経路長（2.05）と低い平均クラスター係数（0.56）であった。P5およびP6においては，スモールワールド性（短経路長・高クラスター係数）は見られない。

　図8-3は，媒介中心性（平均値）が高い数値を示したP6におけるネットワーク構造を描画したものである。太枠で囲まれたノードは，表8-3における

図8-2　ネットワーク分析による平均経路長および平均クラスター係数の推移

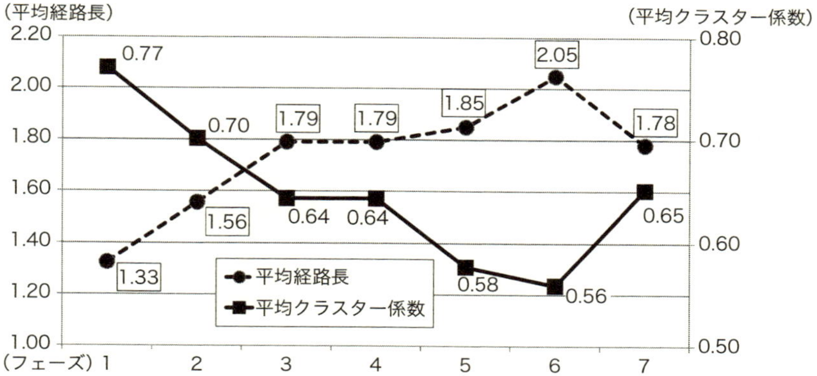

フェーズ（P）	P1	P2	P3	P4	P5	P6	P7	全P平均
平均経路長	1.33	1.56	1.79	1.79	1.85	2.05	1.78	1.73
平均クラスター係数	0.77	0.70	0.64	0.64	0.58	0.56	0.65	0.65

出所：筆者作成。

図8-3 出展プロジェクトにおけるフェーズ (P) 6のネットワーク構造

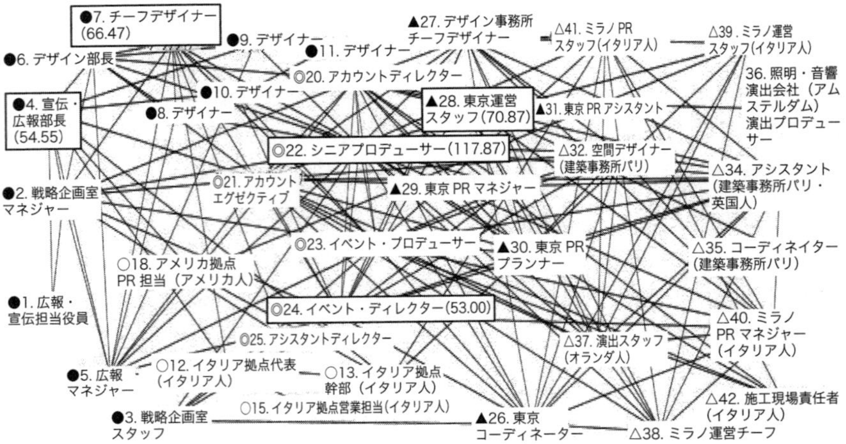

（図：ネットワーク構造図）

主要ノード：
- 1. 広報・宣伝担当役員
- 2. 戦略企画室マネジャー
- 3. 戦略企画室スタッフ
- 4. 宣伝・広報部長 (54.55)
- 5. 広報マネジャー
- 6. デザイン部長
- 7. チーフデザイナー (66.47)
- 8. デザイナー
- 9. デザイナー
- 10. デザイナー
- 11. デザイナー
- 12. イタリア拠点代表（イタリア人）
- 13. イタリア拠点幹部（イタリア人）
- 15. イタリア拠点営業担当（イタリア人）
- 18. アメリカ拠点PR担当（アメリカ人）
- 20. アカウントディレクター
- 21. アカウントエゼクティブ
- 22. シニアプロデューサー (117.87)
- 23. イベント・プロデューサー
- 24. イベント・ディレクター (53.00)
- 25. アシスタントディレクター
- 26. 東京コーディネーター
- 27. デザイン事務所チーフデザイナー
- 28. 東京運営スタッフ (70.87)
- 29. 東京PRマネジャー
- 30. 東京PRプランナー
- 31. 東京PRアシスタント
- 32. 空間デザイナー（建築事務所パリ）
- 34. アシスタント（建築事務所パリ・英国人）
- 35. コーディネイター（建築事務所パリ）
- 36. 照明・音響演出会社（アムステルダム）演出プロデューサー
- 37. 演出スタッフ（オランダ）
- 38. ミラノ運営チーフ
- 39. ミラノ運営スタッフ（イタリア人）
- 40. ミラノPRマネジャー（イタリア人）
- 41. ミラノPRスタッフ（イタリア人）
- 42. 施工現場責任者（イタリア人）

出所：筆者作成。

P6の媒介中心性の高いノードの上位5人である。ネットワークの構造に関しては，必ずしもスモールワールド・ネットワークの構造ではなくても，媒介中心性の高い橋渡し役が機能していれば専門的知識の共有と組織化は円滑に行なわれる。むしろ，媒介中心性の高い橋渡し役が同質化を避けて，異質な新しい知識の共有を促進すると考えられる。

(2) テキストマイニングによる分析

これまでプロジェクト組織のネットワークの動態的な分析をおこなった。では，P1からP7において，どのような知識が共有され，組織化がなされたのであろうか。本章はプロジェクトに関連するデータを使ったテキストマイニングによって，テキストに含まれる内容語（名詞）を抽出した。表8-4は，各フェーズ（P）における頻出名詞による共起関係から文脈を解釈し，どのような知識が共有され，組織化がなされたかについて整理したものである。

本章では，全てのフェーズ（P）における頻出名詞の文章中の出現パターンが似たものを線で結んだキーワードの共起関係を描画した。キーワード抽出に際しては，分析ツール（KH Coder）の設定により集計単位を文，最小出現数

第3節 考察

表8-4 各フェーズ（P）における頻出名詞の共起関係による文脈解釈

P1	頻出名詞	資料・内容・費用・コスト・データ・メディア・メッセージ・情報・本社・リスト
	文脈解釈	出展プロジェクトを実施するかどうかの意思決定のための判断材料
P2	頻出名詞	支払い・方法・状況・会場・条件・ホテル・部屋・期間・費用・打ち合わせ
	文脈解釈	出展の決定に伴う会場の支払いや契約に関する確認，ホテルなどの手配準備
P3	頻出名詞	内容・ワークショップ・可能・資料・図面・面積・パターン・ワイヤ・年内・必要
	文脈解釈	出展に向けての具体的な施策，デザインの表現，スケジュールの調整，実施プラン
P4	頻出名詞	チタン・展示・ワイヤ・施工・ガイドライン・作業・検証・方法・変更・調整
	文脈解釈	出展での展示構成，具体的な制作物の内容，使用する素材などの制作方法
P5	頻出名詞	チタン・展示・ワイヤ・施工・ガイドライン・イメージ・検証・検討・取り付け・テスト
	文脈解釈	ブランドを訴求するための展示やデザイン，インスタレーション制作に関する専門的知識
P6	頻出名詞	チタン・展示・施工・作業・ガイドライン・イメージ・テスト・パターン・取り付け・図面
	文脈解釈	ブランドを訴求するための展示やデザイン，インスタレーションの制作に関する専門的知識
P7	頻出名詞	予備・検討・情報・作業・連絡・報告・アワード・リリース・受賞・来場者数
	文脈解釈	プロジェクトの実施，終了段階での事後のPR活動の対応，成果の評価や報告書作成

出所：筆者作成。

を2，品詞による取捨選択を名詞とした。

　図8-4は媒介中心性（平均値）が高い数値を示したP6のキーワード（頻出名詞）の共起関係図である。これにより，図8-3で示されたミラノ・サローネ出展プロジェクトにおけるP6のネットワークにおいて，文脈を解釈することで，どのような知識の組織化がなされたかについて，推定することが可能になる。頻出名詞に抽出された「チタン」はシチズン時計の製品に使われる素材のひとつであり，「ワイヤ」はインスタレーションに使用する部材を固定するためのものである。

図8-4 フェーズ（P）6におけるキーワード（頻出名詞）の共起関係図

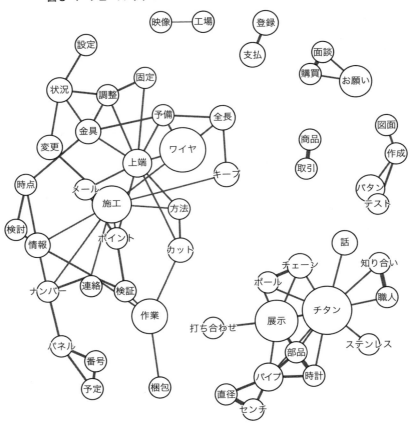

出所：筆者作成。

(3) 聞き取り調査

　テキストマイニングの形態素解析によって，キーワードを抽出し，組織化された知識を推定することを試みた。先述したように，単純に頻出する単語をみるだけでは有効な知見を得ることは難しい。そこで，テキストマイニングによって抽出されたキーワードを確認するために主要なプロジェクトの関係者に対して，聞き取り調査をおこなった。聞き取り調査で対象とした10人は表8-1のノードから選ばれた。定例会議やビデオ会議にも出席し，発言したノー

ドを対象にしている。質問は「このプロジェクトを実行するにあたって，どのような知識が組織内で必要とされたと思いますか」である。テキストマイニングの形態素解析によって抽出されたキーワード（頻出名詞）から推定された文脈を確認することができた。聞き取り調査の内容と合わせて，以下のように整理される。

フェーズ（P）1：出展を意思決定するための知識（イベントへの来場者の属性，過去実績など，来場者の属性，過去実績などのデータは主催者や会場管理会社から出展各社に提供される）

フェーズ（P）2：出展決定後の会場費の支払いや契約などの手続きに関する知識

フェーズ（P）3：ブランディングの具体的な施策，制作スケジュール管理に関する知識

フェーズ（P）4：展示の構成，展示台などの制作物，展示プロダクトの演出方法などの知識

フェーズ（P）5：一貫したコンセプトに基づく部品・時計展示・空間演出に関する知識

フェーズ（P）6：空間演出のための技術的な知識・運営オペレーションに関わる知識

フェーズ（P）7：事後PRに関する知識・結果（来場者数・メディアへの露出数）と報告の知識

第4節 小　　括

　本章の目的は，社会ネットワーク分析によって，プロジェクト組織における広告会社の役割について明らかにすることであった。ここから，ネットワーク構造の特性と組織化された知識の視点から広告会社の役割を考察したい。P1およびP2では関係の密度が高いネットワークの性質を利用して，意思決定を促すための知識の共有をおこなう役割である。営業担当者（アカウントディレクターとアカウント・エグゼクティブ）と担当スタッフ部門のシニアプロ

デューサーが中心になっている。P3，P4では，国内外の専門的知識を持つ協力会社とのネットワークを拡張し，国内外の専門的知識を探索する役割を果たしていたと推定される。P3，P4では，シニアプロデューサーが出展企業と外部の協力会社をつないでいる。さらにノード数も増加しており，凝集性の高いスモールワールド・ネットワークの性質は見られない。

続くP5およびP6では，知識を媒介する頻度を示す指標である媒介中心性（平均値）が高い数値を示しており，異質で新しい知識の共有や活用に有利に作用していたと考えられる。ここではシニアプロデューサーとイベント・ディレクターという担当スタッフ部門が中心的に，出展企業の重要なコンテンツであるインスタレーション，展示構成，デザインを具体化するための専門的知識の橋渡し（ブリッジ）の役割を果たしていた。

P7では，プロジェクトの成果を報告する役割と事後のPR施策を実施するフォローアップの役割を担っている。ここでは，シニアプロデューサーとアカウントディレクターが中心的であった。本章は約7ヶ月間に，広告会社の役割が切り替わるタイミングをネットワーク構造の動態的変化として示した。具体的には，P3，P4ではネットワーク拡張による，同質化を防ぐ，異質で新しい専門的知識へアクセスを促進する橋渡し役であり，続くP5，P6では専門的知識の効率的な組織化を促進する橋渡し役として関係していたことである。ただし，本章が着目したノードの役割とブリッジとしての弱い紐帯の性質や構造的空隙とは区別して議論する必要がある（Burt, 1992）。

本章はプロジェクト組織において広告会社が探索的に専門的知識にアクセスし，その知識の組織化に対する橋渡し役を担うことを媒介中心性という指標により示した。

注
1　シチズン時計は1918年に創業された部品から完成時計までを自社で一貫製造している日本の時計メーカーである。2014年3月期，シチズンホールディングス株式会社有価証券報告書によると全売上高は3099億9400万円，営業利益は237億600万円である。
2　聞き取り調査は2015年10月に都内にて複数の関係者に1回のみ，各1時間程度のインタビューをおこなった。対象者は出展企業・広告会社グループ・国内外協力企業の主要な関係者42名のうちの10名である。

第9章
広告会社における国際知識移転と再創造

第1節 はじめに

　本章は国際見本市出展のために構築されたプロジェクト組織が協同作業を通してどのように知識を再創造し，それを連続するプロジェクト組織に活用していくのかについて考察することを目的にしている。プロジェクト組織における社会ネットワークの構造を動態的に捉え，知識移転および知識の再創造の実態を明らかにする。

　具体的には，国際的なデザイン見本市であるミラノ・サローネに2014年と2016年に連続して出展した日本企業のプロジェクト組織がどのように知識を移転し，知識を再創造したかを明らかにする。企業の枠組みや国境を越えたネットワークによるプロジェクト組織における知識の再創造を研究の対象としている。このような研究が必要な理由はArgote他（2000）によると「組織的に蓄積された知識をあるユニットから他のユニットへ効果的に移転できることが生産性を高め，知識移転ができない組織よりも持続する」という指摘からもベストプラクティスの共有をはじめとする知識移転が重要な課題になることが挙げられる。Teece（2011）も今日のグローバル経済における企業の競争優位は複製困難な知識資産の所有やその活用の仕方によってもたらされるとして，知識が多国籍企業にとって重要な資産であることを指摘している。

　知識がどこで創造されるのかという問題に関しては，野中・遠山・紺野（1999）によって知識創造における「場（Ba）」の概念が導入された。ここでは知識は目に見えない，境界のない，動態的なストックすることのできないものであるとされる。知識を適時適所で活用するための「場（Ba）」には，直面する問題の状況において文脈を読み取り，暗黙知や形式知を状況に応じて活用

できる知識体系と仕組みが求められるとしている。そのひとつがプロジェクト組織である。特に継続的なプロジェクト組織においては，どのように知識を活用したかが経時的に観察することが可能である。Nonaka and Von Krogh (2009) は知識創造における分析単位は業務に関わるプロジェクトチームを対象とすべきであると指摘している。

本章は先行研究を踏まえて，プロジェクト組織を構成するネットワークの動態的変化と知識の再創造という視点から事例の分析枠組みを設定する。まず，プロジェクト組織の本質は期間限定（テンポラリー）性にあることに着目し，2014年と2016年のミラノ・サローネのプロジェクト組織の構成がどのように変化したかを検討する。

本章の構成は以下の通りである。第1節では本章の目的と背景について説明する。第2節では事例分析の枠組み，事例の概要および連続的な知識の再創造のプロセスについて記述する。第3節は結果に基づいて考察をおこなう。最後に第4節において，本章のインプリケーションについてまとめる。

第2節　事例分析

(1) 事例分析の枠組み

先行研究を踏まえて，プロジェクト組織を構成するネットワークの動態的変化と知識の再創造という視点から事例の分析枠組みを設定する。まず，プロジェクト組織の本質は期間限定性（テンポラリー）にあることに着目し，2014年と2016年のミラノ・サローネのプロジェクト組織の構成がどのように変化したかを検討する。次に，2014年のミラノ・サローネ出展プロジェクト組織（以下，旧組織）において創造された知識が，どのように知識のパッケージ化がなされて，2016年のミラノ・サローネ出展プロジェクト組織（以下，新組織）に移転され，さらに知識が再創造されたかを明らかにする。そこで，Von Krogh, Ichijo and Nonaka (2000) の示した「知識のパッケージ化および移転（適用）」と「知識の再創造（適応）」のプロセスに沿って，新旧のプロジェクト組織における連続的な知識の再創造のプロセスを明らかにする。調査方法

は，唐沢（2016）による旧組織における創造された知識を推定した方法を新組織にも使用する。新プロジェクトの対象期間を均等に 30 日ごとにフェーズに分割し，各フェーズの電子メールや議事録をテキストマイニングし，キーワードを抽出する。さらに主要な関係者への聞き取り調査を補足的におこない，再創造された知識を推定する。

(2) ミラノ・サローネの概要

ミラノ・サローネ（正式名称：Salone Internazionale del Mobile di Milano）は FIERA（フィエラ）と称される世界最大規模の国際家具見本市の本会場と，ミラノ市内各所で開かれる通称 FUORI SALONE（フォーリ・サローネ）と呼ばれるさまざまな会場を使って実施されるデザイン展示のイベントによって構成されている。この FUORI SALONE には，これまで家電・自動車をはじめとするグローバル企業であるアイシン精機，AGC（旭硝子），ASUS，ダイキン，Hermès，キヤノン，SAMSUNG，東芝，トヨタ自動車，NIKE，パナソニック，HYUNDAI，Louis Vuitton，マツダ，MINI（BMW），YKK，LEXUS 等が出展した。本章が事例研究として取り上げる日本の時計メーカーであるシチズン時計もこの FUORI SALONE（フォーリ・サローネ）へ 2014 年と 2016 年に 2 回出展をした。2016 年 4 月に開催されたミラノ・サローネは 55 年の歴史があり，主催社によると来場者は 37 万人および過去最高となった。公益財団法人日本デザイン振興会は，近年のミミラノ・サローネは家具やインテリアを超えた国際的なデザイン業界の祭典として，存在意義を増していると指摘している。また SNS の普及などにより，出展企業による情報発信のあり方も転換期にあることを指摘している。各出展企業では，デザインへの取り組みを通してグローバルにブランドを訴求するプロジェクトとして位置づけられている[1]。

(3) 連続的なプロジェクト組織

本章が事例研究として取り上げる 2014 年と 2016 年のシチズン時計出展のプロジェクト組織について説明する。表 9-1 は唐沢（2016）による旧組織の関係者を示している。全関係者は 42 名である。その内訳は，出展企業であるシチ

表 9-1　2014 年のミラノ・サローネ出展プロジェクト組織の関係者

出展企業	広告会社（グループ会社含む）	外部協力会社（海外）
シチズン時計（国内）●	アサツーディ・ケイ（国内）◎	建築事務所（パリ）△
1. 広報・宣伝担当役員(JP)	担当営業部門	32. 空間デザイナー(JP)
2. 戦略企画室マネジャー(JP)	19. 営業副本部長(JP)	33. 空間デザイナー(FR)
3. 戦略企画室スタッフ(JP)	20. アカウントディレクター(JP)	34. アシスタント(UK)
4. 宣伝・広報部長(JP)	21. アカウントエグゼクティブ(JP)	35. コーディネイター(JP)
5. 広報マネジャー(JP)	担当スタッフ部門（プロモーション局）	照明・音響演出会社(アムステルダム)△
6. デザイン部長(JP)	22. シニアプロデューサー(JP)	36. 演出プロデューサー(JP)
7. チーフデザイナー(JP)	制作会社 ADK アーツ海外担当グループ	37. 演出スタッフ(NL)
8. デザイナー(JP)	23. イベント・プロデューサー(JP)	デザイン事務所（ミラノ）△
9. デザイナー(JP)	24. イベント・ディレクター(JP)	38. ミラノ運営チーフ(JP)
10. デザイナー(JP)	25. アシスタントディレクター(JP)	39. ミラノ運営スタッフ(IT)
11. デザイナー(JP)	外部協力会社（国内）	海外 PR 会社（ミラノ）△
シチズン時計（海外拠点）○	デザイン事務所（東京）▲	40. ミラノ PR マネジャー(IT)
12. イタリア拠点代表(IT)	26. 東京コーディネーター(JP)	41. ミラノ PR スタッフ(IT)
13. イタリア拠点幹部(IT)	27. 東京チーフデザイナー(JP)	現地施工会社（ミラノ）△
14. イタリア拠点 PR 担当(IT)	28. 東京運営スタッフ(JP)	42. 施工現場責任者(IT)
15. イタリア拠点営業担当(IT)	国内 PR（外部 PR 会社）▲	
16. 欧州本社社長(JP)	29. 東京 PR マネジャー(JP)	
17. アメリカ拠点 VP(US)	30. 東京 PR プランナー(JP)	
18. アメリカ拠点 PR 担当（US)	31. 東京 PR アシスタント（JP)	

出所：唐沢（2016），5 ページ．

ズン時計から 18 名である。国内（日本人：JP）11 名と海外拠点 7 名（（イタリア人：IT）4 名，欧州本社（日本人：JP）1 名，北米（アメリカ人：US）2 名）である。広告会社 ADK グループからは 7 名（国内（日本人：JP）），外部協力会社は合計 17 名で，国内は 6 名（日本人：JP）であった。海外は 11 名（（イタリア人：IT）4 名，（日本人：JP）4 名，（フランス人：FR）1 名，（イギリス人：UK）1 名，（オランダ人：NL）1 名）である。

そして，表 9-2 は新組織の関係者である。主な関係者は総勢 35 名である。その内訳は，出展企業であるシチズン時計から 15 名である。国内（日本人：JP）11 名と海外拠点 4 名（（イタリア人：IT）3 名，欧州本社（日本人：JP）1 名である。広告会社 ADK グループからは 7 名（国内（日本人：JP）），外部協力会社は合計 14 名で，国内は 3 名（日本人：JP）であった。海外は 11 名

表 9-2　2016 年のミラノ・サローネ出展プロジェクト組織の関係者

出展企業	広告会社（グループ会社含む）	外部協力会社（海外）
シチズン時計（国内）●	アサツーディ・ケイ（国内）◎	建築事務所（パリ）△
1. 広告・宣伝担当役員(JP) 2014-2016	担当営業部門	26. 空間デザイナー(JP) 2014-2016
2. 戦略企画室マネジャー(JP) 2014-2016	16. アカウントディレクター(JP) 2014-2016	27. 空間デザイナー(JP) 2016
3. 宣伝・広報部長(JP) 2016	17. アカウントエグゼクティブ(JP) 2014-2016	28. アシスタント(UK) 2014-2016
4. 広報マネジャー(JP) 2014-2016	担当スタッフ部門（プロモーション局）	照明・音響演出会社（アムステルダム）△
5. デザイン部長(JP) 2014-2016	18. シニアプロデューサー(JP) 2014-2016	29. 演出プロデューサー(JP) 2014-2016
6. チーフデザイナー(JP) 2014-2016	19. プロデューサー(JP) 2016	30. 音響効果製作アーティスト(NL) 2016
7. デザイナー(JP) 2014-2016	20. ディレクター(JP) 2016	31. 音響アーティスト／ピアニスト(NL) 2016
8. デザイナー(JP) 2014-2016	制作会社 ADK アーツ海外担当グループ	デザイン事務所（ミラノ）△
9. デザイナー(JP) 2016	21. イベント・ディレクター(JP) 2014-2016	32. ミラノ運営チーフ(JP) 2014-2016
10. デザイナー(JP) 2016	22. アシスタントディレクター(JP) 2016	海外 PR 会社（ミラノ）△
11. デザイナー(JP) 2016	外部協力会社（国内）	33. ミラノ PR マネジャー(IT) 2016
シチズン時計（海外拠点）〇	デザイン事務所（東京）▲	33. ミラノ PR スタッフ(IT) 2016
12. イタリア拠点代表(IT) 2014-2016	23. 東京コーディネーター(JP) 2014-2016	現地施工会社（ミラノ）△
13. イタリア拠点幹部(IT) 2014-2016	24. 東京チーフデザイナー(JP) 2014-2016	34. 施工現場責任者(IT) 2014-2016
14. イタリア拠点 PR 担当(IT) 2014-2016	国内 PR（外部 PR 会社）▲	35. 施工現場副責任者(IT) 2016
15. 欧州本社社長(JP) 2016	25. 東京 PR マネジャー(JP) 2016	

注：2014-2016 の表記は連続したプロジェクト組織関係者，2016 の表記は新たに参加した関係者であることを示す。
出所：筆者作成。

((イタリア人：IT) 4 名,（日本人：JP) 4 名,（イギリス人：UK) 1 名,（オランダ人：NL) 2 名）である。新組織から参加した関係者は 15 名であり全体の約 43% が新しくプロジェクト組織に参加した関係者である。

　新旧組織の関係者の内訳を比較すると，ネットワークにおいて情報や知識の流れを統制し，個人間の橋渡し役をしている媒介中心性が高い関係者について以下にまとめる。

　① 出展企業では 2. 戦略企画室マネジャー，5. 広報マネジャー
　② 広告会社グループでは 22. シニアプロデューサー，24. イベント・ディレクター

が継続して参加しており，新旧のプロジェクト組織における専門的知識を橋渡しする役割を果たしていたことが推定される。

第 3 節　考　察

(1) 知識のパッケージ化

　Von Krogh, Ichijo and Nonaka (2000) によると，パッケージ化は知識を組織の境界を越えて移転するためには不可欠であるとし，どの知識をパッケージするかを判断することが必要であると述べている。

　では，旧組織において，どのような知識が創造されたのであろうか。唐沢 (2016) は，旧組織においてやり取りされた電子メールや対面の会議・ワークショップの議事録などをテキストマイニングの形態素解析によってキーワードを抽出し，創造された知識を推定した。さらに，テキストマイニングによって抽出されたキーワードを確認するために主要なプロジェクトの関係者に対して，半構造的な聞き取り調査をおこなった。聞き取り調査の結果は，以下のように整理された。旧組織のプロジェクトの対象期間である 2013 年 9 月 27 日（出展の企画提案日）より 2014 年 4 月 24 日（実施報告書の提出日）までを 30 日ごとに均等に 7 つのフェーズ（以下 P）に分割した[2]。2014 年のプロジェクトの対象期間の P1～P7 において創造された知識を以下に示す。

　P1：出展を意思決定するための知識（イベントへの来場者の属性，過去実績など，来場者の属性，過去実績などのデータは主催者や会場管理会社から出展各社に提供される）
　P2：出展決定後の会場費の支払いや契約などの手続きに関する知識
　P3：ブランディングの具体的な施策，制作スケジュール管理に関する知識
　P4：展示の構成，展示台などの制作物，展示するプロダクトの演出方法などの知識
　P5：一貫したコンセプトに基づく部品・時計の展示，空間演出の方法に関する知識
　P6：空間演出のための技術的な知識・運営オペレーションに関わる知識
　P7：事後 PR に関する知識・結果（来場者数・メディアへの露出数）と報告の知識

第3節 考察　139

　これらのP1からP7で挙げた知識は，旧組織での知識のパッケージの基本要素である。これらの知識には，暗黙知と形式知が混在している。例えば，P4のコンセプトを具現化するための展示内容に関する知識は，数回におよぶワークショップを通じて得られた形式知であるが，その知識を獲得するために実施されたワークショップを活性化させるファシリテーションの方法は暗黙知である。表9-3は旧組織によるP1からP7で挙げた知識に基づいて，パッ

表9-3　パッケージ化された知識の内容と暗黙知と形式知の分類

旧組織（2014）のパッケージ化される知識の内容	●暗黙知	□形式知
出展を意思決定するための知識	●会場の選択の方法（良い場所かどうかの判断）	□会場候補のリスト
出展決定後の会場費の支払いや契約などの手続きに関する知識	●会場を契約する条件（金額や賃借期間）の交渉の仕方 ●プロジェクト・ファイナンスの知識 ●支払いの為替予約の時期をきめる知識	□使用する会場の契約書に盛り込むべき内容 □支払いのための為替予約フォーマット・記録
ブランディングの具体的な施策に関する知識	●ワークショップを活性化させるファシリテーションの方法 ●コンタクトすべき媒体社とのネットワーク	□PR企画書 □プレス発表進行台本 □取材実績のある媒体 □取材に関する想定質問表 □SNSの活用に関する企画書
展示の構成，展示台などの制作物，展示するプロダクトの演出方法などの知識	●コンセプトを具現化するための空間演出 ●展示を製作するにあたっての専門家・アーティストのネットワーク	□空間演出の照明・音響のプログラミングデータ □照明機材・音響機材の技術的仕様書
制作スケジュール管理に関する知識	●展示を製作するにあたっての専門家のネットワーク	□プロジェクト全期間の製作する各アイテムのスケジュール（全体スケジュールおよび個別作業スケジュール）
展示の構成，展示台などの制作物，展示するプロダクトの演出方法などの知識	●展示を製作するにあたっての専門家・アーティストのネットワーク	□コンセプトを具現化するための展示内容 □展示物に必要な情報（英語・イタリア語の併記） □展示物の輸送に関する手続き（輸出カルネ）
一貫したコンセプトに基づく部品・時計の展示，空間演出の方法に関する知識	●コンセプトを具現化するための空間演出	□空間演出の照明・音響のプログラミングデータ
空間演出のための技術的な知識	●展示に対する演出効果（照明・音響）	□照明機材・音響機材の技術的仕様書
運営オペレーションに関わる知識	●運営マニュアルに記載すべき詳細内容の決定 ●優秀な通訳スタッフとのネットワーク ●混雑時など想定されるアクシデントに対応する知識	□イベント・オペレーション・マニュアル □スタッフ・ローテーション（シフト表）
事後PRに関する知識	―	□PR企画書（事後フォーアップの企画） □PR結果報告書
結果（来場者数・メディアへの露出数）と報告の知識		□結果報告書 □PR結果報告書 □反省点のまとめ □事後清算見積書

出所：筆者作成。

ケージされる知識を会議議事録や聞き取り調査により暗黙知と形式知に分類して整理したものである。

(2) 知識の再創造

　パッケージ化された知識が旧組織から新組織に移転される際に，同じ出展企業のグローバル・ブランディングを目的としていても，そのまま移転される知識（適用）もあれば，新たに再創造（適応）しなくてはならない知識も存在すると考えられる。それを検証するために旧組織を対して実施した同じ調査方法を2016年のプロジェクト組織に対しても実施する。具体的には社会ネットワーク分析と電子メールや会議議事録などのテキストデータによるテキストマイニングおよび半構造的な聞き取り調査を組み合わせたものである。テキストマイニングのソフトは同じくKH Coderを用いた。新組織のプロジェクト対象期間としては，2015年3月20日（2回目出展の決定日）より2016年5月16日（実施報告書の提出日まで）を30日ごとに均等に14のフェーズ（以下P）に分割した[3]。2016年のフェーズの数が倍増していることは，出展の決定が2014年より約6ヶ月早かったことによるものである。2016年のプロジェクトの対象期間のP1～P14においてにおいて創造された知識を以下に示す。

P1：出展会場の選定に関する知識（想定される来場予定数・費用・会場面積・近隣の出展企業等）

P2：出展会場の選定に関する知識（同上）

P3：出展コンセプト開発に関する知識（企業ビジョン・ブランドメッセージ等）

P4：出展コンセプト開発に関する知識（同上）

P5：出展コンセプト開発に関する知識（同上）・会場費の支払いや契約などの手続きに関する知識

P6：出展コンセプト開発に関する知識（同上）・空間演出の方法に関する知識

P7：コンセプトに基づく部品・時計の展示・空間演出の方法に関する知識

P8：コンセプトに基づく部品・時計の展示・空間演出の方法に関する知識

P9：展示の構成，展示するプロダクトの演出方法の知識・ブランディング

第 3 節 考 察

の具体的な施策
P10：展示の構成，展示するプロダクトの演出方法などの知識・PR 施策に関する知識（SNS の活用による情報拡散）
P11：展示台などの制作物，展示するプロダクトの演出方法などの知識
P12：展示台などの制作物，展示するプロダクトの演出方法などの知識
P13：空間演出のための技術的な知識・運営オペレーションに関わる知識
P14：運営オペレーションに関する知識・事後 PR に関する知識・実施報告に関する知識（報告書）

表 9-3 で示されたパッケージされた知識の内容と 2016 年のプロジェクトの対象期間の P1〜P14 においてにおいて創造された知識がどのように関連しているか，についてネットワーク分析を試みる。このような分析は De Nooy et al.（2005）で紹介された論文の引用関係の研究でも使用され，知識共有の状況が示される。本章が取り上げる事例に関しては，旧組織が新組織の知識を利用するということは時間の不可逆性からも有り得ないので，知識の親子関係を明らかにする有向グラフのネットワークを使用する。

図 9-1，図 9-2，図 9-3 は知識の関係を示したネットワーク図である。このネットワーク図の作成にあたっては，主要な関係者に対する聞き取り調査の際に，それぞれの知識の関係性に関する質問をおこない，全員が関係あると回答したものを 1，それ以外を 0 としてソシオマトリックスを作成し分析する。

新組織への聞き取り調査は旧組織の調査と同様に，定例会議やビデオ会議にも出席し，発言した関係者を対象者とした。調査対象者の 10 人は表 9-2 の関係者から選ばれた。各聞き取りは 1 時間，東京都内にて 2016 年 8 月下旬〜9 月上旬に実施された。

議事録などの記録によると 2016 年のプロジェクト組織がとりわけ時間を費やしたのは，出展コンセプト開発に関する知識の創造である。2 回目となる出展にあたっては，一貫した企業ビジョン・ブランドメッセージを基本にしながらも，斬新なコンセプトが求められた。本稿はこの出展コンセプト開発の知識創造に焦点をあてて，2014 年の知識パッケージがどのように移転され，新し

図9-1 パッケージ化された知識と再創造された知識の関係①

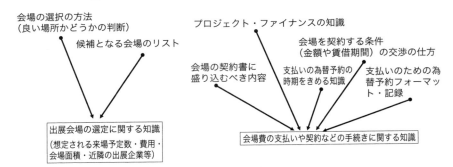

注：囲みで表示された知識が新組織で創造された知識である。
出所：筆者作成。

図9-2 パッケージ化された知識と再創造された知識の関係②

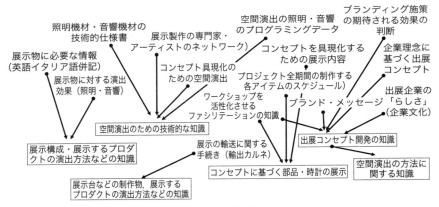

注：囲みで表示された知識が新組織で創造された知識である。
出所：結果に基づき，筆者作成。

い知識に再創造されたのかについて詳述したい。図9-1に示されたように，出展コンセプト開発に関する知識にはパッケージされた知識から①ブランディング施策の期待される効果の判断（暗黙知），②出展企業の「らしさ」（企業文化）（暗黙知），③出展企業の企業理念に基づく出展コンセプト（形式知），④ブランド・メッセージが移転されている。

2014年の出展コンセプトは，「LIGHT is TIME」であった。これは出展企

第3節 考察　143

図9-3　パッケージ化された知識と再創造された知識の関係③

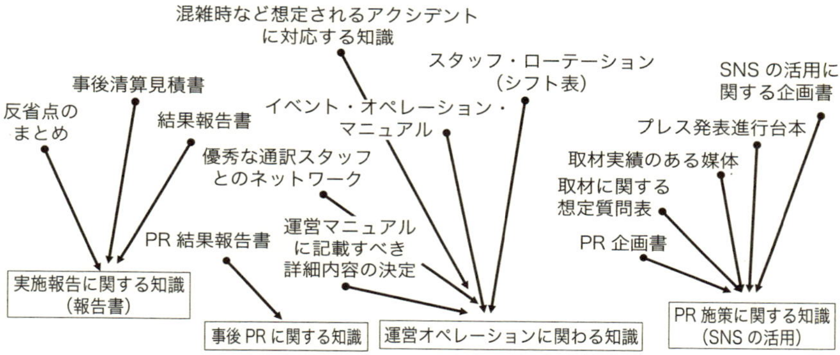

```
                    混雑時など想定されるアクシデント
                    に対応する知識
                              スタッフ・ローテーション        SNSの活用に
        事後清算見積書                (シフト表)            関する企画書
反省点の           イベント・オペレーション・            プレス発表進行台本
まとめ    結果報告書   マニュアル
        優秀な通訳スタッフ              取材実績のある媒体
        とのネットワーク              取材に関する
                  運営マニュアル      想定質問表
        PR結果報告書  に記載すべき        PR企画書
                  詳細内容の決定
┌──────────┐                              ┌──────────┐
│実施報告に関する知識│                              │PR施策に関する知識│
│  (報告書)    │ ┌──────────┐┌──────────┐│  (SNSの活用) │
└──────────┘ │事後PRに関する知識││運営オペレーションに関わる知識│└──────────┘
           └──────────┘└──────────┘
```

注：囲みで表示された知識が新組織で創造された知識である。
出所：筆者作成。

業であるシチズン時計の光発電技術による時計の訴求を意識されていると同時に，光が時間を生み出しているという考え方に基づいている。この「LIGHT is TIME」というコンセプトをそのまま適用するのか，それとも新しいコンセプトを設定するのかについてP3～P6（2015年5月17日～9月3日）の間に毎月1回から2回のペースでワークショップが開かれた。ワークショップはほぼ1日を費やし，深夜までおよぶこともあった。議論を進める過程で，時間という概念をより深く探求するコンセプトにすべきであるという共通理解に達した。その理由は，出展会場がスーパースタジオという展示面積824m^2（35×24.7m）と2014年の約2倍の広さのスペースに拡張したことが挙げられる。ここは，FUORI SALONE（フォーリ・サローネ）でも最大規模の会場である。中心的に議論を進めたのは2. 出展企業の戦略企画室マネジャー，5. デザイン部長，6. チーフデザイナー，8. デザイナー，9. デザイナー（2016），10. デザイナー（2016）と広告会社グループの16. アカウントディレクター，18. シニアプロデューサー，外部協力会社（国内）の24. 東京チーフデザイナー，外部協力会社（海外）の26. 空間デザイナー，28. アシスタント，29. 演出プロデューサーであった。ワークショップのファシリテーター（進行役）は全回，広告会社グループの18. シニアプロデューサーが担当していた。ワークショップでは「時間」についての言葉やイメージを各自が収集して持ち寄り，

ブレインストーミングをおこないながら，さまざまな言葉をカテゴリーに分類して，ひとつのコンセプトを絞り込んでいった。最終的に「時間は常に動き，変わる」そして，時間にはミクロ的な「瞬間，はじまり，偶然，いま（time）」という意味とマクロな的「時代，永遠，必然，未来（TIME）」という概念が併存していることを表す「time is TIME」というコンセプトに決定した。2014年の「LIGHT is TIME」という出展コンセプトを基に，2016年は新しい「time is TIME」というコンセプトが設定された。この新しく設定された新しい「time is TIME」というコンセプトに従って，インスタレーションや時計展示の方法，空間演出の方法が決定されて具現化された。

具体的には，約12万枚の時計の基盤となる部品の「地板」を用いたインスタレーションは，会場内の中央にある2つの空間（(SPACE A／SPACE B）で全く異なる体験を提供する。来場者に時間と光を体感してもらえるインスタレーションである。時計展示では，シチズン時計の100年におよぶ歴史の中で世に送り出したデザイン的に優れたモデルを18個，意図的に発売の時系列ではなく，アルファベット順に展示した。また，会場内の中央にある2つの空間（(SPACE A／SPACE B）ではピアニストと先鋭的な電子音楽の共演というパフォーマンスをおこなうなどの空間体験の演出も実施された。このように「空間演出の方法に関する知識」や「コンセプトに基づく部品・時計の展示」，「展示台などの制作物，展示するプロダクトの演出方法などの知識」「空間演出のための技術的な知識」などの知識は，パッケージされた知識を移転して，状況に合わせて知識の再創造（適応）がおこなわれた。一方で，「運営オペレーションに関わる知識」はパッケージされた知識から①運営マニュアルに記載すべき詳細内容の決定（暗黙知），②優秀な通訳スタッフとのネットワーク（暗黙知），③混雑時など想定されるアクシデントに対応する知識（暗黙知），④イベント・オペレーション・マニュアル（形式知），⑤スタッフ・ローテーションのシフト（形式知）が移転された。この中でも④イベント・オペレーション・マニュアル（形式知）および⑤スタッフ・ローテーションのシフト（形式知）については，新しい会場の状況に合わせて再創造（適応）がなされている。

(3) 2016年のミラノ・サローネの出展プロジェクトの成果

本章は，国際的なデザイン見本市であるミラノ・サローネに2014年と2016年に連続して出展したプロジェクト組織がどのように知識を移転し，新しい知識を創造したかを明らかにした。その成果としては，図9-4が示すように2016年のミラノ・サローネの出展プロジェクトは来場者数が増加した。

2014年は7日間で4万8389人であったのに対して，2016年は6万6240人であった。前回（2014年）と比較して37％増加した。また，日を追って来場者が増えていることから，新しい施策として来場者が写真や動画を投稿するインスタグラムのタグを会場で掲出し，情報がSNSなどで拡散することが実現した。

2回，3回とリピートする来場者も多く見られた。PR施策の効果も2014年の経験が活かされ，日本国内のPRの広告費換算額は1億2440万円，海外のPRの広告費換算額がヨーロッパ（イタリア，フランス，ドイツ，スペイン）・北米（アメリカ，カナダ）5億548万円と増加している。2016年より採用したインスタグラムにも来場者が数多くの写真や動画を公開しており，SNSによる情報拡散が大きな効果を得た。連続的な知識の再創造の成果がもたらされた

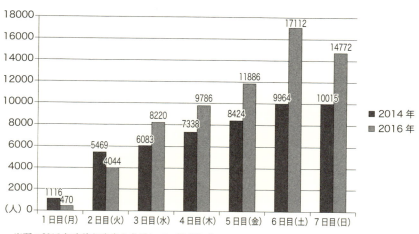

図9-4　ミラノ・サローネ出展プロジェクトの一般来場者数の比較

出所：2016年実施報告書を参照して，筆者作成。

と言える。次項では，プロジェクト組織における連続的な知識の再創造のプロセス関して考察する。

(4) プロジェクト組織における知識の再創造のプロセス

　プロジェクト組織は期間限定的である。しかしながら，本事例のようにプロジェクトが連続して実施される場合に，旧組織で創造した知識をいかに効率的に活用するかが重要である。そのためには，まず活用できる知識のパッケージ化をすることが必要となる。暗黙知と形式知に分類して，新組織に移転されて，そのまま使用する（適用）か，再創造する（適応）かを，見極めるプロセスが必要となる。本事例では，コンセプト開発のためのワークショップがそのプロセスの機能を果たしていた。その際に旧組織の関係者がどのくらいの比率を占めているかも，効率的な知識の移転と再創造には影響を与える可能性がある。Uzii and Spiro（2005）によって商業的成功に最適な条件として，制作者間の過去の協同関係（反復的紐帯数）が50〜60％の中程度のバランスになることが示されている。本事例では約60％が旧組織での経験をもつ関係者であった。

　本章で取り上げた事例はグローバル・ブランドの訴求というコミュニケーションに関係するマーケティング活動のひとつである国際的見本市への出展プロジェクト組織を対象にしている。このようなプロモーションにおける期間限定的なプロジェクト組織が連続的な知識の再創造を行う場合にはパッケージされた知識の移転から，いかにして新しいコンセプトを開発し，それを基軸にして各施策へ展開していくことが効率的であると示された。表9-4は本事例の旧組織から新組織への連続的な知識移転と知識の再創造について，整理したものである。移転された知識がそのまま活用（適用）されたか，あるいは条件に合わせて再創造（適応）されたかを示している。

　山下他（2012，15ページ）が「日本企業のマーケティング活動の変革には戦略と組織のバランスが中心的な課題となっていた」と指摘するように，プロジェクト組織が知識というソフトな経営資産の活用を戦略として具現化していくことの成否が問われている。知識創造の戦略においては，プロジェクト組織における連続的な知識の再創造のプロセスを意識することが重要であると考

第3節 考察

表9-4 旧組織から新組織への連続的な知識の移転（適用）と再創造（適応）

新組織（2016）での知識の再創造	旧組織（2014）の知識パッケージ（●暗黙知・□形式知）	
	そのまま移転（適用）	再創造（適応）
出展会場の選定に関する知識	●会場の選択の方法（良い場所かどうかの判断）	●会場を契約する条件（金額や賃借期間）の交渉の仕方 □会場候補のリスト □使用する会場の契約書に盛り込むべき内容
出展コンセプト開発に関する知識	●ブランディング施策の期待される効果の判断 ●出展企業の「らしさ」（企業文化） ●ワークショップを活性化させるファシリテーションの方法 □ブランド・メッセージ	□出展企業の企業理念に基づく出展コンセプト（「time is TIME」）
会場費の支払いや契約などの手続きに関する知識	●支払いの為替予約の時期をきめる知識 ●プロジェクト・ファイナンスの知識 □支払いのための為替予約フォーマット・記録	
コンセプトに基づく部品・時計の展示・空間演出の方法に関する知識	●ワークショップを活性化させるファシリテーションの方法 □展示物の輸送に関する手続き（輸出カルネ）	●展示に対する演出効果（照明・音響） ●展示を製作するにあたっての専門家のネットワーク □コンセプトを具現化するための展示内容 □展示物に必要な情報（英語・イタリア語の併記）
展示の構成，展示するプロダクトの演出方法などの知識	―	●コンセプトを具現化するための空間演出 ●展示を製作するにあたっての専門家・アーティストのネットワーク） □空間演出の照明・音響のプログラミングデータ □照明機材・音響機材の技術的仕様書
PR施策に関する知識（SNSの活用）	□取材実績のある媒体	□PR企画書 □プレス発表進行台本 □照明機材・音響機材の技術的仕様書 □取材に関する想定質問表 □SNSの活用に関する企画書
展示台などの制作物，展示するプロダクトの演出方法などの知識	●運営マニュアルに記載すべき詳細内容の決定 ●優秀な通訳スタッフとのネットワーク ●混雑時など想定されるアクシデントに対応する知識	□イベント・オペレーション・マニュアル □スタッフ・ローテーション（シフト表）
空間演出のための技術的な知識	―	□空間演出の照明・音響のプログラミングデータ □照明機材・音響機材の技術的仕様書
運営オペレーションに関わる知識	―	●運営マニュアルに記載すべき詳細内容の決定 ●優秀な通訳スタッフとのネットワーク ●混雑時など想定されるアクシデントに対応する知識
事後PRに関する知識	―	□PR企画書 □PR結果報告書
実施報告に関する知識（報告書）	―	□結果報告書 □PR結果報告書 □反省点のまとめ □事後清算見積書

出所：筆者作成。

える。

第4節 小　括

　本章の学術的な意義として以下の点をあげる。海外市場への知識移転に関しては，製造業の技術移転を中心に数多くの研究がなされてきた。近年ではサービス業に関しても，小売業態の国際移転を中心とする知識移転の研究が多くみられる。しかしながら，本事例のような知識移転から知識の再創造という視点で，実際のプロジェクト組織を対象にした研究は極めて少ない。本章の貢献は，知識移転と知識創造に関する理論的枠組みを援用し，プロジェクト組織における連続的な知識創造のプロセスを動態的に浮き彫りにしたことである。次に，実務的な意義として，日本企業が，国際競争力を向上させるために情報や知識といった無形資産の活用をどのようなプロセスで展開しているのかを明らかにすることができた点が挙げられる。具体的にどのような知識が必要とされ，状況に適応して再創造されたかを示したことは，今後の国際見本市のようなマーケティング活動におけるプロジェクト・マネジメントに示唆を与えることが出来たと考える。期間限定的なプロジェクト組織が継続的に知識を創造することは容易ではない。既存関係者の経験が新しい知識の創造を阻害してしまうことも起こりえる。そのような問題を回避するためには，新組織において旧組織にどのような知識パッケージが存在し，どの知識を継承するかに関して慎重に吟味する必要がある。

注
1　出展企業のシチズン時計は，ウエブサイトのミラノ・サローネ特設ページにおいて「私たちは，それぞれの時代の最新の技術とともに腕時計の新しい可能性を探求し続け，デザインの力によっていままでにない選択肢を生み出してきました。技術に美を重ね合わせた時はじめて，「機械」に命が宿ります。『新しい技術にはじまりを与える』，それがシチズンデザインです」と同社のデザインへの考え方を説明している。
2　P1は2013年9月27日〜10月26日，P2は10月27日〜11月25日，P3は11月26日-12月25日，P4は12月26日〜2014年1月24日，P5は1月25日〜2月23日，P6は2月24日〜3月25日，P7は3月26日〜4月24日である。
3　P1は2015年3月20日〜4月18日，P2は4月19日〜5月16日，P3は5月17日〜6月6日，P4は6月7日〜7月4日，P5は7月5日〜8月3日，P6は8月4日〜9月3日，P7は9月4日〜

10 月 4 日，P8 は 10 月 5 日～11 月 4 日，P9 は 11 月 5 日～12 月 5 日，P10 は 12 月 6 日～2016 年 1 月 5 日，P11 は 1 月 6 日～2 月 5 日，P12 は 2 月 6 日～3 月 7 日，P13 は 3 月 8 日～4 月 7 日，P14 は 4 月 8 日～5 月 16 日（P14 のみ実施報告書の提出日まで）である。

終章

第1節　結　論

　本書の目的は専門的サービス業である広告会社の知識特性を示し，それらがどのように国境を越えて移転され，創造されるのかを社会ネットワークの動態的分析によって明らかにすることであった。Gratton and Scott（2016）はスキルと知識を「無形資産」に属するものとして，仕事の生産性を高めるために必要な「生産性資産」であると述べている。この「無形資産」には，知識豊富な友人のネットワークも含まれている。知識やネットワークという「無形資産」こそが専門的サービス業である広告会社の経営資産であり，広告主へのサービスの質を決めると言えよう。本書はこの「無形資産」である知識と社会ネットワークの相互関係を対象にしている。

(1) 専門的サービス業である広告会社の知識特性

　日系広告会社の実務家に対する聞き取り調査の結果，専門的サービス業である広告会社の知識特性に関して以下の発見事実を挙げる。広告会社のサービスとは，広告主のマーケティング活動に対して専門的知識を動員し，プロモーションに関する制作物（広告キャンペーンやイベントなど）を提供することである。

　Maister（1993）は広告会社を経営コンサルティング，会計事務所，法律事務所と同じく，専門的知識にもとづいてサービスをおこなうプロフェッショナル・サービス組織として位置づけている。しかしながら，第2章第2節で取り上げたように広告会社のサービスの特性は，広告主の一般消費者に対するマーケティング業務（B to C）の「支援型サービス」と広告主との企業間取引的（B to B）な「助言型サービス」とのふたつのサービス行為が同時並行で提供される特性があり，同じ専門的サービス企業でも経営コンサルティングのサー

ビス行為とは異なることは先述した。本書では，第4章の分析枠組みに沿って日系広告会社の専門的知識の体系を示したい。第5章第4節で示されたように広告会社の専門的知識は営業や媒体，クリエイティブ制作，アカウント・プラニング，セールス・プロモーションなどの① 汎用的知識（Generic Knowledge）と広告主に関する知識などの② 部門別知識（Domain-Specific Knowledge）から構成されている。

広告会社においては汎用的知識および部門別知識の両方で「誰が知っているか」という最適な知識リソースへのアクセスに関する知識が重要である。さらにアクセスした知識を広告主にサービス行為として価値変換するための専門的知識が重要となる。これらの知識は，インフォーマルな形で業務を通して広告主や媒体社などの関係者から得られる非マニュアル型知識の比重が大きい。そして，これらの知識が広告会社を Hargadon (1998) や西井 (2013) が指摘する知識仲介者（Knowledge Broker）に成らしめている。

① 汎用的知識（Generic Knowledge）

部門的知識と異なり，汎用的知識は全部門に共通して必要とされる知識である。円滑な人間関係を築くためのコミュニケーション能力に関係する知識は汎用的知識に属する。汎用的知識は部門別知識を深化させるためには不可欠な基盤となる。

外部の知識リソースを制作物に価値転換していくための知識は部門別知識である。例えば，媒体部門のスタッフは媒体社と各メディアについて費用と効果など同じレベルで情報のやり取りや交渉をすることになるし，国際見本市の実施にあたっては主催者や施工会社などの外部の専門家とレギュレーションや施工図面をもとに具体的プランを議論することになるからである。

広告キャンペーンであっても，国際見本市出展のようなイベントであっても，その広告主のその企業らしさ，ブランド・イメージについての知識がなければ説得力のある提案をすることは難しい。特に営業部門は担当する広告主については，その企業の歴史や意思決定のプロセス，予算，組織，人事や取引先との関係などを知識として持っていることが求められる。広告主の課題解決には，どの部門の誰をチームに加えるべきかを判断する社内外の人的ネットワー

クに関する知識は重要である。先述したように広告会社は，広告主と媒体社，広告主と社外の協力会社（制作プロダクションやイベント会社，PR会社等）という外部の専門家を連結するハブ的役割を担っている。したがって，対人コミュニケーションに関する知識なしでは仲介役は務まらない。また，デジタル化が進む広告ビジネスにおいては汎用的知識としてデジタルマーケティングに関する基礎知識はすべての部門において必要とされる。具体的にはSNS（ソーシャル・ネットワーク）を使ったコミュニケーションとその活用方法に関する基礎知識である。

② 部門別知識（Domain-Specific Knowledge）

広告会社の各部門については1-営業部門，2-媒体部門，3-クリエイティブ制作部門，4-アカウント・プラニング部門，5-セールス・プロモーション部門という分類を使用した。

本書において取り上げた事例研究は2つの異なるタイプの業務に分けられる。第1には日本から中国市場への広告キャンペーンの移転の事例である。広告会社の本社と子会社の関係を対象としており，本社の広告キャンペーンに関する戦略・施策の知識をどのように中国市場に国際移転したかについて明らかにしている。第2には，国際的なイベント（MWCとミラノ・サローネ）におけるプロジェクト組織の動態的なネットワークの変化と知識移転や知識の再創造の関係を明らかにしている。

では，部門別知識を広告戦略と広告施策に関する知識に分けて，本書において取り上げた各事例に沿って説明する。広告戦略と広告施策に関する知識を分けるのは，概念的な内容が中心になる戦略とそれに基づく実行のための方法が中心になる施策では知識の質が異なると考えるからである。日本から中国市場への広告キャンペーンの移転の第1の事例における広告戦略に関する知識について述べる。

広告戦略に関する知識の国際移転では，広告主との連絡役である本社側の営業部門と中国現地拠点側の営業部門の機能が中心的に関与していた。すでに国内市場における広告戦略についての知識創造がなされており，そこに広告主や現地拠点から提供される情報を加えて，中国市場への広告戦略が構築されてい

第 1 節 結 論 153

く。この事例では，国内市場で成功した広告戦略を中国での市場調査などを経て，さらに精緻化していく。どの部分をそのまま移転するか，または現地の意見を反映して修正するかという判断が本社と現地拠点間でやり取りされていた。このプロセスには，本社側の1-営業部門，3-クリエイティブ制作部門，4-アカウント・プラニング部門と中国現地拠点側の1-営業部門，3-クリエイティブ制作部門が関係していた。このような国境を越える知識移転においては，そのような暗黙的な知識を現地拠点のマネジャーやスタッフといかに共有するかが課題である。国際マーケティング活動における広告戦略は極めて重要な意味をもつ。

　次に広告施策に関する知識について述べる。決められた広告戦略に基づく広告施策を具体化するための専門的知識は部門ごとに異なる。第1に日本から中国市場への広告キャンペーンの移転の事例においては，本社側の3-クリエイティブ制作部門や現地拠点側の1-営業部門，3-クリエイティブ制作部門が協同して平面広告等の制作物を仕上げる知識である。広告施策に関する知識についても，移転する知識の内容を検討するのは，本社と現地拠点の営業部門である。広告主の意向と現地拠点の意見を調整しながら，中国拠点に移転する専門的知識の選択をする。広告主の本社と現地拠点が意見の調整をおこなう場合もあるが，対立する場合も少なくない。そこで広告会社が意見調整することになる。広告施策に関する知識では，広告ビジュアルのデザインや広告コピーは，本社側1-営業部門と3-クリエイティブ制作部門が国内の広告素材を現地拠点側の3-クリエイティブ制作部門に提供して，中国版の広告ビジュアルが制作された。本社側と現地拠点側の営業部門に求められるのは広告主のブランド・イメージが日本国内と中国市場間で乖離しないようにコントロールすることである。したがって，広告のフォーマットのような知識はできる限りそのまま移転する。ただし，広告コピーやイベント企画に関する知識は現地の消費者から受け入れられるように修正される。

　第2の事例である国際的なイベント（MWCとミラノ・サローネ）におけるプロジェクト組織での知識移転と知識創造の事例における広告戦略に関する知識について述べる。

　営業部門には，広告主の意向に沿って国際見本市出展の広告戦略（出展テー

マ）をまとめていく知識が必要である。広告戦略（出展テーマ）が基本となって出展ブースのデザインや広告制作物，来場者へのホスピタリティや調査企画が決定される。セールス・プロモーション部門には，ネットワークを構築するハブとしての機能を担い，外部の専門家の誰をプロジェクト組織に参加してもらうのかを決定する知識が求められる。国際的イベントのように開始時期と終了時期が決まっているプロジェクト組織では，目的達成に必要な専門的知識を統合していくことが必要である。最適な専門家は誰かという戦略的なネットワークに関する知識と言える。MWCやミラノ・サローネの経験のある建築家や技術スタッフ，施工会社などがプロジェクトに参加し，社会ネットワークが構築されるのである。1-営業部門と5-セールス・プロモーション部門が中心的に関係していた。

次に広告施策に関する知識について述べる。広告戦略と同様に1-営業部門と5-セールス・プロモーション部門が中心的に関与していた。5-セールス・プロモーション部門を中心に外部の協力会社や専門家と協同しながら，展示の構成，展示台などの制作物，展示するプロダクトの演出方法などの知識が創造される。5-セールス・プロモーション部門は，展示空間やインスタレーションというコンテンツを具体化するための専門的知識を橋渡ししていた。1-営業部門と5-セールス・プロモーション部門が連携して，広告主の要望と外部の専門的知識を適合させる判断基準をもつ必要がある。このような判断基準という専門的知識は部門別の業務経験を通して獲得される。そのためにはミドル・シニア以上の経験値が必要になる。国際見本市のようなイベントは複数年間にわたって連続的なプロジェクトになる場合がある。その背景には，出展を希望する企業が多いことや，複数年の出展契約を主催社と結ばなければならないことがある。MWCとミラノ・サローネに関しても，複数年にわたる連続的なプロジェクト組織が構成されていた。5-セールス・プロモーション部門では，出展会場の選定に関する知識や会場費の支払いや契約などの手続きに関する知識，空間演出のための技術的な知識・運営オペレーションに関わる知識，PR施策に関する知識（SNSの活用，事後PR・実施報告に関する知識）が再創造された。特にマニュアル化される運営オペレーションに関する知識は，運営マニュアルに記載すべき詳細内容，優秀な通訳スタッフとのネットワーク，混雑など

想定されるアクシデントに対応する知識,スタッフ・ローテーションシフトなどが挙げられる。イベントが連続する場合には,基本的には新しいイベントに合わせて策定された広告戦略に従って,広告施策に関わる知識は再創造される特性をもっている。図終-1は広告会社の知識特性とサービス行為についてまとめたものである。

表終-1は本書における広告会社の知識体系(Body of Knowledge)である。専門的サービス業である広告会社の知識特性についての議論を整理し,具体的な事例から広告主へのサービス提供に求められる各機能について整理することを試みた結果である。

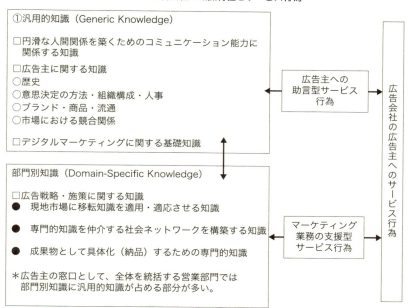

図終-1　広告会社の知識特性とサービス行為

出所:筆者作成。

表終-1 本書における広告会社の知識体系

①	汎用的知識 (Generic Knowledge)	第7章・第8章・第9章・終章 広告キャンペーンの移転や国際的プロジェクト組織での知識移転と再創造の事例	
	1-営業部門	●広告主のその企業らしさ，ブランド・イメージについての知識 ●広告主の課題解決には誰に相談するのが最適なのかを判断するための知識（社内・社外のネットワーク構築に関する知識） ●対人コミュニケーションに関する知識 ●デジタル・マーケティングに関する基礎的な知識	
	2-媒体部門		
	3-クリエイティブ制作部門		
	4-アカウント・プランニング部門		
	5-セールス・プロモーション部門		
②		広告戦略に関する知識	
	部門別知識 (Domain-Specific Knowledge)	第7章 中国市場への広告キャンペーンの移転の事例	第8章・第9章・終章 国際的プロジェクト組織での知識移転と再創造の事例
	1-営業部門	戦略のどの部分を移転するか，現地の意見を反映して修正するかという判断するための暗黙知	●戦略的な出展テーマを策定するための知識 ●最適な専門家が誰かという部門内の過去の業務などで得られた知識
	3-クリエイティブ制作部門	国内市場における商品開発から市場導入戦略に関する知識	
	4-アカウント・プランニング部門	国内市場導入戦略に関する知識や想定ユーザーイメージや市場調査の手法	
	5-セールス・プロモーション部門		●外部の専門家の誰をプロジェクト組織に参加してもらうのか意思決定する知識 ●戦略的な「人脈」や「座組み」に関する知識
		広告施策に関する知識	
	部門別知識 (Domain-Specific Knowledge)	第7章 中国市場への広告キャンペーンの移転の事例	第8章・第9章・終章 国際的プロジェクト組織での知識移転と再創造の事例
	1-営業部門	広告ビジュアルのフォーマットのような知識	外部知識を制作物に価値転換していくための専門知識
	3-クリエイティブ制作部門	●平面広告制作に関する知識 ●広告ビジュアルのデザインや広告コピー	
	5-セールス・プロモーション部門	新製品発表会などのイベント企画の実施に関する知識	●展示の構成，展示台などの制作物展示するプロダクトの演出方法などの知識 ●外部専門知識の適合する判断基準 ●出展会場の選定に関する知識 ●会場費の支払いや契約などの手続きに関する知識 ●運営オペレーションに関する知識

出所：筆者作成。

第1節 結 論　157

(2) 国際知識移転・知識の再創造と社会ネットワーク

　広告会社は広告主へのサービス行為提供のために，社内・社外の専門的知識リソースにアクセスし，価値変換をする。この社内・社外の専門的知識リソースにアクセスする経路が社会ネットワークである。これまで組織的知識創造は暗黙知と形式知の相互作用が個人から集団，そして組織全体へ拡張していく過程で実現されるとされてきた。しかしながら，具体的にどのように個人と個人がつながって，どのような集団や組織を構成するのかについては概念的な説明に終始していたと言える。そこで，本書は専門的サービス企業である広告会社の知識の移転と再創造を社会ネットワークの構造という視点から明らかにすることを試みた。それはLeonard（1995）が指摘した外部の知識リソースをどのように活用するのかという課題に対応している。さらに，協同関係によって得られる専門的知識と社会ネットワーク構造を動態的に分析する点が本書の特徴である。社会ネットワーク構造についてはスモールワールド・ネットワークが活用型学習に優れ，同質化を展開しやすく高い実行能力を持つ社会ネットワークであることに着目し，スモールワールド・ネットワークを特定する指標である平均経路長（Path Length）およびクラスター係数（Clustering Coefficient）について分析した。

　これより本書において取り上げた2つの異なるタイプの事例研究（広告キャンペーンと国際見本市）で明らかにされた社会ネットワークにおいて，どのような知識を移転されたか，あるいは新しく再創造されたのかを示す。まず日本から中国市場への広告キャンペーンの移転の事例について検討した。この事例では，広告主と広告会社の本社と海外拠点間において構築された社会ネットワークが対象となる。この事例では電子メールによる社会ネットワーク分析はなされていないため，聞き取り調査に基づく各関係者のつながりを社会ネットワークとして捉え直すことになる。第7章では国際知識移転のプロセスが，本社側が主導しておこなう① 移転する知識の検討・リサーチ，② 移転の実行・履行の段階と中国現地拠点側が主導しておこなう③ 適用・適応，④ 知識の強化・統合の段階から構成されることを明らかにした。前半の①，② においては本社の営業担当者とクリエイティブ制作・プロモーション・メディアの各専門スタッフが関係していた。移転する知識を検討・リサーチしてパッケージ化

するフェーズでは，本社側の営業と関係するスタッフが主導的な役割を果たしていた。その知識パッケージを現地に移転するフェーズでは，本社からの派遣者と中国人マネジャー，現地スタッフが主導的な役割を果たしている。パッケージ化された知識から「適用（そのまま移転）」する知識と「適応（現地に合わせて修正）」がなされていた。このような知識の「適応」は，現地で第2の知識の再創造につながっていく。国内ですでに存在するベストプラクティスが第1の知識創造とするならば，ネットワークを通して移転された専門的知識のパッケージが国境を越えたフェーズにおいて「適応（現地に合わせて修正）」される場合が第2の知識創造（再創造）になる。

①移転する知識の検討・リサーチ，②移転の実行・履行の段階と中国現地拠点側が主導しておこなう③適用・適応，④知識の強化・統合が繰り返されることで連続的な知識移転，知識の再創造がなされていく。図終-2は国際知識移転のプロセスと社会ネットワークについて整理したものである。

次に国際的なイベント（MWC）の事例では，国際見本市出展プロジェクト

図終-2　国際知識移転のプロセスと社会ネットワーク

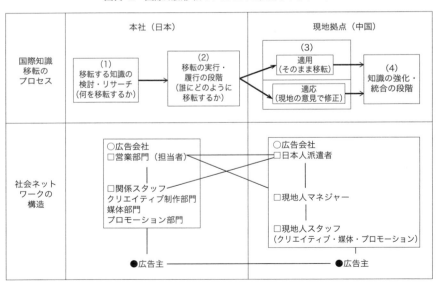

出所：筆者作成。

第 1 節 結 論　159

における知識の共有（適用と適応）のプロセスについて考察した。広告会社が知識の仲介役として，課題であった前年度の出展からの複雑なシステムや映像・IT機器を使った展示などの改善に必要な高度に専門的知識の共有が可能となるスモールワールド・ネットワークが構成されていたフェーズが見られた。そのことによって，専門性の高い国際見本市のプロジェクトでは「施工」・「システム」・「発注」・「決定」・「期限」に関する知識が共有され，実施プランの決定を円滑にする必要に対応していた。現場のオペレーションでは，通信事業者に対するネットワークビジネスに関する展示において非常に複雑なシステム構築をしなければならなかった。広告主の出展戦略であるB to B（企業間取引）の国際見本市における商談の成約にとって，専門家である来場者（顧客）を対象とした専門性的な企画や運営が求められていたことが社会ネットワークを構築していく上で影響していたと推測される。

　第7章では，プロジェクト期間を30日ごと10のフェーズに分け，近接中心性という指標に着目し，ノード間が距離的に近ければ相互作用が容易になり専門的知識の共有が進むと考えた。フェーズ3およびフェーズ4が近接中心性の平均値が小さく，社会ネットワークの構造が相互作用を起こしやすい状態にあった。これらのフェーズでは映像・IT関係機材関連会社のプロジェクト・エンジニアとテクニカル・マネジャーおよび出展企業の関連会社のコーディネーターが主導的な役割を果たしていると推測された。これらのフェーズでは複雑な各事業部から要望される出展関係の機材設置に関する技術的な知識が共有された可能性が高い。またフェーズ5からフェーズ8では凝集性の高いスモールワールド・ネットワークの特徴がみられた。ここでも複雑なシステムを組み込む展示について前回の出展時に発生した問題の改善に必要な専門的知識の共有がなされたと考えられる。広告会社のプロモーション担当者は，広告主の展示に関する要望と外部協力会社の技術的な専門的知識を結びつける役割を果たしていた。B to B（企業対企業）の国際見本市は来場者も専門家であり，展示内容も高度で複雑になるため，膨大な情報を細かく確認しながら適切な専門的知識を仲介する必要があった。このようなB to B（企業対企業）の国際見本市は，複数年の出展契約になる場合が多く，そこでは発生した問題を改善するための専門的知識が求められる。

B to B（企業対企業）のプロモーションにおいて広告会社は本事例のような凝集性の高いネットワークを構築し，外部の専門家が最適なフェーズで専門的知識を共有できるようにマネジメントをしなければならない。図終-3は国際見本市（MWC）の事例における知識移転のプロセスと社会ネットワークについて整理したものである。

第8章では国際的なイベント（ミラノ・サローネ）の事例は，広告主の出展戦略であるB to C（企業対消費者）のグローバル・ブランディングを目的としていた。約7ヶ月間にわたるプロジェクト組織のネットワーク構造の動態的変化において，初期には迅速な意思決定のために関係の密度が高いネットワークの性質が利用され，中期では国内外のデザインや施工，PRに関する専門的知識を探索するために外部の知識リソースとの社会ネットワークが拡張された。後期では凝集性の高いスモールワールド・ネットワークの性質は見られなかったが，知識を媒介する頻度を示す指標である媒介中心性（平均値）が高い数値を示しており，異質で新しい知識の共有や活用に有利に作用していたこと

図終-3 国際的なイベント（MWC）の事例における知識移転のプロセスと社会ネットワーク

知識移転のプロセス	P1・P2：準備段階の知識（出展規則など）	P3・P4：映像・IT機材に関する専門的知識	P5・P6・P7・P8：複雑な技術展示のソリューションの専門的知識（付随した施工・費用などの知識を含む）	P9：（近接中心性（平均）が高いネットワーク）／凝集性が高いスモールワールド・ネットワーク（低い平均経路長・高いクラスター係数（平均））	P10：実施段階の知識（運営マニュアルなど）

社会ネットワークの構造（近接中心性の高いノード）：

- 広告主
  - ○広報宣伝部長（JP）
  - ○関連会社コーディネーター（JP）
- 広告会社（グループ会社含む）
  - ○イベント・プロデューサー（JP）
  - ○イベント・ディレクター（JP）
- 外部協力会社（海外）
  - ○総合プロデューサー（ES）
- 外部協力会社（海外）
  - ○プロジェクト・エンジニア（ES）
- 外部協力会社（海外）
  - ○テクニカル・マネジャー（ES）

出所：筆者作成。

が示された．フェーズ6が媒介中心性の平均値が高く，社会ネットワークを通じて国内外の専門的知識が共有され，活用されたと考えられる．これらのフェーズでは広告会社のシニアプロデューサーとイベント・ディレクターが主導的な役割を果たしていたと推測される．フェーズ6ではスモールワールド・ネットワークの特徴（短経路長・高クラスター係数）は見られなかった．しかしながら，凝集性の高いスモールワールド・ネットワークが構成されていない場合でも，知識を仲介する役割の媒介中心性が高いノードが存在すれば，専門的知識の円滑な共有が可能となると推測される．電子メールや議事録などのテキストマイニングと聞き取り調査の結果によると，フェーズ6では「空間演出のための技術的な知識」や「運営オペレーションに関わる知識」が中心的に共有されたと推定される．異質な新しい知識を広く取り入れながら，専門的な知識のやり取りをおこなう場合の社会ネットワークの特徴が示された可能性がある．このプロジェクト組織の社会ネットワークにおいては，広告会社は知識仲介者（Knowledge Broker）として探索的に専門的知識にアクセスし，その知識の組織化に対する橋渡し役を担っていたことが媒介中心性という指標により示された．図終-4は国際的なイベント（ミラノ・サローネ）の事例における知識移転のプロセスと社会ネットワークについて整理したものである．

　第9章では，国際的なイベント（ミラノ・サローネ）が連続して実施された事例を取り上げて，2014年の旧プロジェクト組織と2016年の新プロジェクト組織間で専門的知識がどのように共有され，新しく創造されたかについて考察した．連続するプロジェクト組織における知識移転には，日本と中国の間でみられた国際知識移転のプロセスと社会ネットワークの特徴が共通していた．新・旧プロジェクト組織での知識共有・創造のプロセスでは，新組織では①移転する知識の検討・リサーチ，②移転の実行・履行の段階，③適用・適応（ワークショップなどの場），④知識の強化・統合の段階から構成されていた．ポイントになるのは前期のフェーズでの知識のパッケージ化である．続いて，中期のフェーズにおいてパッケージ化された知識から「適用（そのまま移転）」する知識と「適応（現地に合わせて修正）」の選別がワークショップなどの場を通しておこなわれる．新しいプロジェクトに合わせておこなわれた知識の「適応」は新プロジェクト組織での第2の知識創造（再創造）へとつながって

図終-4 国際的なイベント（ミラノ・サローネ）の事例における知識移転のプロセスと社会ネットワーク

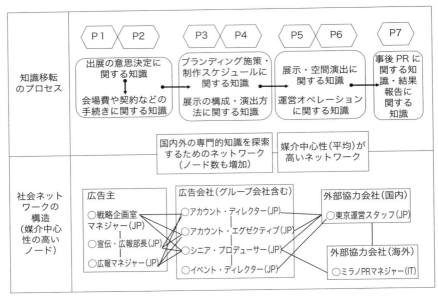

出所：筆者作成。

いた。後期のフェーズでは，「適用」や「適応」された知識と外部の知識リソースから共有された新しい知識を統合し，強化することがなされる。このような連続するプロジェクトにおいて専門的知識のリソースにアクセスするための経路としてのネットワークのハブ的な役割を広告会社に所属する媒介中心性の高いノードが担っていた。新旧のプロジェクト組織の比較では全体の43%の新しいノードが参加していた。

図終-5は連続的に実施された国際的なイベント（ミラノ・サローネ）の事例における専門的知識の移転と創造のプロセスと社会ネットワークについて整理したものである。

広告会社の知識移転・創造における社会ネットワークの役割とは，広告戦略にも基づいて広告施策を決定し，各施策を具体化するために内部・外部の専門的知識へアクセスするための経路である。知識を探索し，共有し，移転し，そ

図終-5 連続的に実施された国際的なイベント（ミラノ・サローネ）の事例における
専門的知識の移転と再創造のプロセスと社会ネットワーク

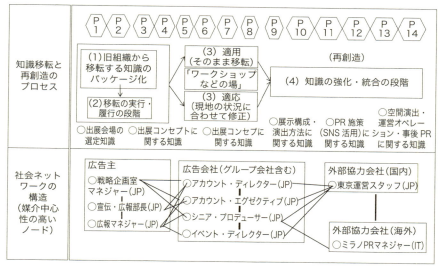

出所：筆者作成。

して再創造するために個人と個人，組織と組織が結びついた社会ネットワークは不可欠である。社会ネットワークで，個人の専門的知識を同じ目的に統合していくオーケストレーションを果たす役割が重要である。さらに，連続的なプロジェクト組織に見られるように，社会ネットワークは専門的知識を集積し，更新し，新たに創造する「場」としての役割を果たしている。

社会ネットワークはプロジェクトが進行するにしたがって，動態的に変化していく。本書で明らかになったことは，どのフェーズでどのようなネットワークの構造を構築するのかを意識することの重要性である。具体的には高度に複雑な知識を共有する必要となるフェーズでは専門的知識をもつノードと近接中心性を高めるような社会ネットワークを構築しなければならない。また，新しいアイデアがプロジェクトに必要とされるフェーズでは，凝集性の高いスモールワールド・ネットワークか，媒介中心性が高いノードをもつネットワークを構築しなくてはならない。プロジェクトを成功に導くためには，知識の移転や創造に最適なフェーズに対応する社会ネットワークが必要である。

知識仲介者（Knowledge Broker）である広告会社の国境を越えて展開される知識移転と知識の再創造は，社会ネットワークなしでは実現できない。広告会社は国内や海外の専門的知識をもつ協力会社や専門家を探索し，関係性をつくり，実際にプロジェクトで協同しながら社会ネットワークの構造をダイナミックに変化させることで広告主に対してサービス行為を提供することが可能になる。国境を越えて移転されるプロセスとしての知識体系はオペレーション業務のなかで学習されながら，その目的に合わせて再創造されていく。そこには組織の枠組みを越えた社会ネットワークが大きな役割を果たしている。

本書の冒頭に，日系広告会社のグローバル化の課題について言及した。M&Aによって獲得した買収先のネットワークであっても，自前の拠点を海外に設立してつくられたネットワークであっても専門的知識を仲介して，広告主へのサービス提供に活用することは本質的に共通している。問題になるのはどの時期に，誰が中心になって，どのような専門的知識を移転し，共有し，新たな知識を再創造するのかということである。本書が対象にした国境をこえる社会ネットワークを活用したプロジェクト組織による知識移転や知識の再創造が，実質的な日系広告会社の国際化やグローバル化を進めていくと考える。

第2節　本書の意義

(1) 学術的な意義

本書の学問的な意義として以下の点をあげる。

実証編となる第5章では，日系広告会社における実務に携わる対象者への聞き取り調査から考察し，専門的サービス業である広告会社の知識について類型化した。これまでサービス業研究の周辺的領域の扱いであった専門的サービス業である広告会社の知識が具体的にどのような特性を持っているかを提示し，類型化したことである。このことは，専門的サービス業，知識集約型企業の研究に対して若干の貢献ができた。

続く第6章では，日系広告会社による広告キャンペーンの本社と中国拠点間の知識移転プロセスの実態を明らかにした。広告主へのサービスを目的とした

第2節　本書の意義　165

広告会社の移転知識の特性および効果的な知識移転プロセスについて提示した。これまでも海外市場での知識移転に関しては，製造業の技術移転を中心に数多くの研究がなされてきた。近年ではサービス業に関しても，小売業態の国際移転を中心とする知識移転の研究が多くみられる。しかしながら，広告会社のような専門的サービス業についての知識移転を対象にした研究は極めて少ない。第6章の学術的貢献は，知識移転に関する理論的枠組みを援用し，中国市場での広告会社の事例を通して，学問的に手をつけられていなかった分野に限定的ではあるが，専門的サービス業の知識移転プロセスの動態的展開を浮き彫りにしたことである。また，参与観察的にオペレーションの事例を取り上げ，関係者に聞き取り調査をおこない広告会社の知識移転のプロセスの特性を明らかにした点にある。

　第7章では，日系広告会社を中心とする海外（スペイン・バルセロナ）で開催された国際見本市出展プロジェクトにおける社会ネットワークを知識の共有と活用を行うための経路として捉えて，そのプロセスについて具体的な事例を示した。学術的な意義としては，社会ネットワーク分析を用いて，プロジェクト組織における知識が流れる経路の発達過程を時系列で明らかにしたことが挙げられる。ネットワーク・ダイナミクス研究に微力ながら貢献できた。既存研究では，社会ネットワークに関して，シナジー効果をあげるための戦略的提携として捉えるアプローチ（Badaracco, 1991）が中心的である。第7章は社会ネットワークを知識の組織化を行うためのコミュニケーション経路として提示している点に新しさがある。

　第8章では，国境を越えて展開されるプロジェクトが増えるなか，イタリア・ミラノで開催されたデザインイベントの出展プロジェクト組織における広告会社の役割を明らかにした。日系広告会社を中心にして構築された社会ネットワークを動態的に分析した。第9章の貢献は社会ネットワーク分析とテキストマイニングの両ツールを併用して，国際的イベントへの出展プロジェクトにおける社会ネットワークを動態的に分析したことにある。知識の共有と活用の経路としてのネットワークの発達過程を時系列で明らかにした。このことは，組織論や社会的関係資本（Social Capital）や社会ネットワーク研究に対して意義がある。

第9章では，第8章において事例として取り上げた国際的イベントへの出展プロジェクト組織が協同作業を通してどのように知識を新たに創造し，それを連続するプロジェクト組織に活用しているかを明らかにした。国境を越える知識移転に関して，取り上げた事例のような知識移転から知識の再創造という分析枠組みによってプロジェクト組織における連続的な知識創造のプロセスを動態的に浮き彫りにした。

(2) **実務的な意義**

本研究の実務的な意義として以下の点をあげる。

第5章では，日系広告会社に勤務する実務家に対する聞き取り調査によって，専門的サービス業の知識共有と活用をおこなう際に参考となる知識の類型化を示したことである。特に，シニア・ミドル・ジュニアの経験値によるサービス行為と専門的知識の内容を関連づけたことは組織としての集合知を開発するためのプロセスを検討する上での示唆を与える。

続く第6章では，日系広告会社が海外事業を拡大し，国際競争力を向上させるために情報や知識といった無形資産の国際移転を，どのようなプロセスで展開しているのかを明らかにした点にある。日本人派遣者と中国人マネジャーの役割の重要性を明らかにした。日系広告会社の地道なグローバル化戦略には，経営資源である「知識」と「人」をいかに効果的にマネジメントするかという知識移転プロセスの構築が求められる。これは今後，日系広告会社のみならず専門的サービス企業が国内市場で創造した知識を中国のみならず新興国市場など海外へ移転する際に留意すべき点として提示した。知識移転のプロセスのマネジメントは，人的資源管理の問題と併せて留意すべき課題であることを提示したことは，実務的な意義がある。

第7章では，プロジェクトにおいてネットワークを構築しながら，知識の移転と活用をおこなう際に参考となる事例研究を提示したことにある。プロジェクトに必要な高度な専門的知識を円滑に移転し，活用するためには，ネットワークの凝集性をある一定の期間，高めていくことが有効であることを示した。

第8章では，イタリア・ミラノで開催されたデザインイベントの出展プロ

ジェクト組織における知識の組織化を行う際に参考となる事例を提示した。事例では，企業のマーケティング活動におけるプロモーションの実施では，広告会社が専門的知識を仲介する媒介中心性の高いノードとして機能していた。これまで経験がない新しいプロジェクト組織では凝集性の高いスモールワールド・ネットワークを構成することなく，新しい異質な専門的知識を探索しながら，広告主の課題解決へのソリューションへの価値転換が行われていた。広告会社はオペレーションの状況に応じて，画一的ではない柔軟な社会ネットワーク構造を構築していたと考えられる。

　第9章では，第8章で取り上げたイタリア・ミラノで開催された国際的イベントの出展プロジェクト組織においてネットワークを構築しながら，知識の移転と活用をおこなう際に参考となる事例研究を提示した。期間限定的なプロジェクト組織が継続的に知識を創造することは容易ではない。参加者の経験が新しい知識の創造を阻害してしまうことも起こりえる。そのためには，旧組織にどのような知識が存在し，新組織にいかにしてパッケージとして継承することに取り組む必要がある。新旧のプロジェクト組織を比較し，具体的にどのような知識がそのまま適用され，状況に適応して再創造されたかを示したことは，今後の国際的イベントや国際見本市のようなマーケティング活動におけるナレッジ・マネジメントに示唆を与えた。

第3節　今後の研究課題

　今後の研究上の課題を以下に列挙する。
　第1に事例研究の限界とも言える「事例の代表性」の問題を克服することである。すなわち研究対象としたADK以外の日系広告会社である電通や博報堂DY，他の専門的サービス企業についても事例研究を積み重ねて，理論的な一般化を目指すべきである。広告会社の知識が社内と社外の社会ネットワーク構築のためであるとするならば，具体的にどのように結びついているのかについての研究が必要となる。そのためには，ネットワークを知識へのアクセスする経路として捉え，社会ネットワーク分析による事例研究に取り組む必要があ

る。本書の分析結果が，対象となったプロジェクト組織に固有の特異性を示すのか，他のプロジェクト組織にも共通する普遍性を示しているのかを明確にすることが必要である。そのためには，類似の事例を研究対象として取り上げ，プロジェクト組織におけるネットワーク構造の特性に関する議論を深めるように努めたい。そうすることで，知識集約型企業としての広告会社が構築するネットワークに焦点をあてて，知識の移転・創造プロセスに関する議論を深めることが可能になる。また，本書が取り上げたプロジェクト組織は50名に満たない小さな組織を対象にしているが，より大規模なプロジェクト組織についても研究を積み重ねることが必要である。

第2に国境を越える広告会社の知識移転をさらに理論的・実証的に掘り下げて，日系広告会社のグローバル化戦略へのインプリケーションを導出することが必要である。移転される知識の特性と移転プロセスの関係についても，さらに精緻化しなければならない。さらには，現地の文化的な影響を受けやすい「広告」を扱う広告会社の国際化・グローバル化戦略に関して，現地の知識を取り込んで移転された知識を修正し，新たに創造する「適応」プロセスに焦点をあてた組織的知識創造に関する研究を深めなくてはならない。

第3に研究上の手続きに関する課題としては，データの収集など厳密な方法を採用することで，客観性を担保することが求められる。具体的には，聞き取り調査のデータの分析手法に関しても，客観的・特徴的なキーワードを抽出するテキストマイニングやGTA（グラウンデッド・セオリー・アプローチ）による知識の分類をデータに基づいた結果として提示することを徹底してやるべきであろう。社会ネットワーク分析に関しても，複数の中心性を測定するなど多面的な分析態度が求められる。本書は仮説構築型の事例研究が中心であるが，社会ネットワークの構造特性とプロジェクトの成果（数値的な評価やKPIなどの指標）との因果関係の視点から議論をする必要がある。すなわち，仮説証明型の社会ネットワークと企業活動の成果との因果関係を解明する実証的な研究をおこなう必要がある。

第4に動態的な社会ネットワーク分析における時間的な区切りであるフェーズ（P）の設定の問題である。本研究ではプロジェクトの発展段階を恣意的に区分することを避ける意図により，30日ごとに均等にフェーズ（P）に分割し

た。しかしながら，30日ごとに次のフェーズ（P）に機械的にプロジェクトが進むかというと，必ずしも現実を反映するとは言えない。分析対象となるプロジェクト期間の設定と，どのような解釈をすべきかに関して検討しなければならない。

　最後に，洞口（2009）が指摘しているように日本企業はグループレベルでの知識創造が得意であり，異なる業種・組織に属する人々による協同作業により生まれる集合知の概念についても検討する必要がある。そのためには，どのような性質のプロジェクト組織を構成すれば，組織的知識創造に有効であるかを明らかにするような研究についても取り組みたい。また，限られた時間におけるプロジェクト組織において，知識移転や知識が再創造される場合に，信頼やリーダーシップの問題にも着目した研究をおこないたい。引き続きサービス企業における多様なプロジェクト組織におけるネットワークの構造特性を明らかにし，プロジェクト組織と社会ネットワーク，そして国際知識移転や知識の再創造に関する議論を深めたいと考える。

引用参考文献

(英語文献)

Aaker, D. A. and Myers, J. G. (1995), *Advertising Management: 5th International Edition*, Prentice-Hall, Upper-Saddle River, New Jersey.

Adler, P. S. and Kwon, S. W. (2002), "Social Capital: Prospects for a New Concept", *Academy of Management Review*, Vol.27, No.1, pp.17-40.

Aldrich, H. E. and Zimmer, C. (1986), "Entrepreneurship through Social Networks", *The Art and Science of Entrepreneurship*, Chapter1, 1st Edition, Ballinger, Pensacola, FL, pp.3-23.

Argote, L. Ingram, P., Levine, J. M. and Moreland, L. R. (2000), "Knowledge Transfer in Organizations: Learning from the Experience of Others", *Organizational Behavior and Human Decision Processes*, Volume 82, Issue 1, May, pp.1-8.

Badaracco, J. L. Jr. (1991), *The Knowledge Link: How Firms Compete through Strategic Alliances*, Harvard Business School Press, Brighton, MA. 中村元一・黒田哲彦訳『知識の連鎖：企業成長のための戦略同盟』ダイヤモンド社，1991年。

Baker, W. E. (1990), "Market Networks and Corporate Behavior", *American Journal of Sociology* Vol.96, No.3, pp.589-625.

Baker, W. E. (2000), *Achieving Success Through Social Capital: Tapping the Hidden Resources in Your Personal and Business Networks*, Jossey Bass. 中島豊訳『Social Capital 人と組織の間にある「見えざる資産」を活用する』ダイヤモンド社，2001年。

Barnard, C. I. (1938), *The Functions of the Executive*, Harvard University Press, Brighton, MA. 山本安次郎訳『経営者の役割（新訳版）』ダイヤモンド社，1968年。

Beauchamp, M. A. (1965), "An improved index of centrality", *Behavioral Science*, Vol.10, No.2, pp.161-163.

Benner, M. J. and Tushman, M. (2002), "Process management and Technological Innovation: A Longitudinal Study of Photography and Paint Industries", *Administrative Science Quarterly*, Vol.47, No.4, pp.676-706.

Borden N. H. (1964), "The Concept of the Marketing Mix", *Journal of Advertising Research*, Vol.24, No.4, pp.7-12.

Bulkley, N., Alstyne, V. and Marshall, W. (2006), "An Empirical Analysis of Strategies and Efficiency in Social Network", available at SSRN: hhttp://ssrn.com/abstract=887406 (Accessed on February 14, 2015).

Burt, R. S. (1995), *Structural Holes: The social Structure of Competition*, Harvard University Press. 安田雪訳『競争の社会的構造―構造的空隙の理論』新曜社，2006年。

Burt, R. S. (2004), "Structural Holes and Good Ideas", *American Journal of Sociology*, Vol.110, pp.349-399.

Burns, T. and Stalker, G. M. (1961), *The Management of Innovation-revised edition*, Oxford University Press, Oxford, United Kingdom.

Chini, C. T. (2004), *Effective knowledge Transfer in Multinational Corporations*, Palgrave Macmillan, London, England.

Coleman, J. S. (1964), *Introduction to mathematical sociology*, London Free Press Giencoe, London, England.

Coleman, J. S. (1988), "Social Capital in the Creation of Human Capital", American Journal of Sociology, No.94, pp.95-120.

Coleman, J. S. (1990), *Foundations of Social Theory*, The Belknap Press of Harverd University Press, Brighton, MA.

Davenport, T. H. and Prusak, L. (1998), *Working Knowledge*, Harvard Business School Press, Brighton, MA. 梅本勝博訳『ワーキング・ナレッジ』生産性出版, 2000年。

Davenport, T. H., De Long D. W., and Beers M. C., (1998), "Successful Knowledge Management Projects", *Sloan management Review*, Winter, pp.43-57.

Davenport, T. H. and Harris, J. G. (2001), "How do they know their customers so well?", *Sloan Management Review*, Vol.42, No.2, pp.63-73.

De Nooy, W., Mrvar, A. and Batagelj, V. (2005), *Exploratory Social Network Analysis with Pajek*, Cambridge University Press, New York, NY. 安田雪監訳『Pajek を活用した社会ネットワーク分析』東京電機大学出版局, 2009年。

Diesnerx, J., Frantz, T. and Carley KM (2005), Communication Networks from the Enron Email Corpus "It's Always About the People Enron is no Different", *Computational and Mathematical Organization Theory (CMOT)*, Vol.11, No.3, pp.201-228.

Dixon, N. M. (2000), *Common Knowledge: How Companies Thrive by Sharing What They Know*, Harvard Business School Press, Brighton, MA. 梅本勝博・遠藤温・末永聡訳『ナレッジ・マネジメント5つの方法―課題解決のための知の共有』生産性出版, 2003年。

Dougherty, D. (1992), "Interpretive Barriers to Successful Product Innovation in Large Firms", *Organization Science*, Vol.3, No.2, pp.179-202.

Erramilli, M. K. and Rao, C. P. (1990), "Choice of Foreign Market Entry Modes by Service Firms", *Management International Review*, Vol.30, pp.130-150.

Erramilli, M. K. and Rao, C. P. (1993), "Service Firm's International Entry: Mode Choice: A Modified Transaction-Cost Analysis Approach", *The Journal of Marketing*, Vol.57, No.3, pp.19-38.

Evans, P. and Wurster, S. T. (1999), *Blow to Bits: How The New Economies of Information Transforms Strategy*, Harvard Business School Press, Brighton, MA. ボストン・コンサルティング・グループ訳『ネット資本主義の企業戦略―ついに始まったビジネス・ディスコンストラクション』ダイヤモンド社, 1999年。

Freeman, L. C. (1997), "A Set of Measures of Centrality Based on Betweenness", *Sociometry*, Vol.40, No.1, pp.35-41.

Gourlay, S. and Nurse, A. (2005), "Flaws in the "Engine" of Knowledge Creation: A Critique of Nonaka's Theory", *Challenges and Issues in Knowledge Management*, Information Age Publishing, pp.293-315.

Grant, R. M. (1996), "Toward a Knowledge Based Theory of the Firm", *Strategic Management Journal*, Vol.17, pp.109-122.

Gratton, L. and Scott, A. (2016), The 100-Year Life: Living and Working in an Age of Longevity, Bloomsbury Information Ltd., London, England. 池村千秋訳『LIFE SHIFT（ライフ・シフト）100年時代の人生戦略』東洋経済新報社, 2016年。

Gourlay, S. and Nurse, A. (2005), "Flaws in the "Engine" of Knowledge Creation: A Critique of Nonaka's Theory", *Challenges and Issues in Knowledge Management*, Information Age

Publishing, pp.293-315.
Granovetter, M. S. (1973), "The Strength of Weak Tie", *American Journal of Sociology*, Vol.78, No.6, pp.1360-1380.
Gupta, A. K. and Govindarajan, V. (1991), "Knowledge Flows and the Structure of Control within Multinational Corporations", *The Academy of Management Review*, Vol.16, No.4, pp.768-792.
Hagadon, A. B. (1998), "Firm as Knowledge Brokers: Lessons in Pursing Continuous Innovation", *California management Review*, Vol.40, No.3, pp.209-227.
Hansen, D. L., Shneiderman, B. and Smith, M. A. (2011), *Analyzing Social Media Networks with Node XL -Insights from a Connected World*, Elsevier, Amsterdam, Netherlands.
Hansen, T. M. (1999), "The Search-Transfer Problem: The Role of Weak Ties in Sharing Knowledge across Organization Subunits", *Administrative Science Quarterly*, March, Vol.44, pp.82-111.
Iansiti, M. (1995), "Technology Integration; Managing Technological Evolution in a Complex Enviroment", Reserch Policy, Vol.24. No.4, pp.521-542.
Inkpen, A. C. (1996), "Creating Knowledge through Collaboration", *California Management Review*, Vol.39, No.1, pp.123-140.
Inkpen, A. C. and Tsang, E. W. K. (2005), "Social Capital, Networks and Knowledge Transfer", *The Academy of Management Review*, Vol.30, No.1, pp.46-165.
Jarillo, C. J. (1988), "On Strategic Networks", *Strategic Management Journal*, Vol.9, No.1, pp.31-41.
Kogut, B. and Zander, U. (1992), "Knowledge of the Firm, Combinative Capabilities and the Replication of Technology", *Organization Science*, Vol.3, No.3, pp.383-397.
Kotler, P., Kartajaya, H. and Setiawan, I. (2010), *Marketing 3.0-From Products to Customers to the Human Spirit*, John Wiley and Sons, Inc., Hoboken, NJ. 恩蔵直人監訳・藤井清美訳『マーケティング3.0—ソーシャルメディア時代の新法則』朝日新聞出版, 2008年。
Kotler, P. and Keller, L. K. (2007), *A Framework For Marketing Management*, Prentice-Hall, Upper Saddle River, NJ. 恩蔵直人監修・月谷真紀訳『コトラー&ケラーのマーケティング・マネジメント基本編（第3版）』ピアゾン・エデュケーション, 2008年。
Krackhardt, D. (1992), "The strength of strong ties: The importance of Philos in organizations". In Nohria, N. and Eccles, R. (Eds.), *Networks and Organizations: Structure, Form, and Action*, Harvard Business School Press, Brighton, MA. pp.216-239.
Lawrence, P., and Lorsch, J., (1967), "Differentiation and Integration in Complex Organizations", *Administrative Science Quarterly* No.12, pp.1-30.
Lave, J. and Wenger, E. (1991), *Situated Learning-Legitimate Peripheral Participation*, Cambridge University Press, New York, NY. 佐伯胖訳『状況に埋め込まれた学習 - 正統的周辺参加』産業図書, 1993年。
Leiponen, A. (2006), "Managing knowledge for innovation: The Case of Business-to-Business Services", *The Journal of Product Innovation Management*, Vol.23, pp.238-258.
Leonard, D. (1995), *Wellsprings of Knowledge*, Harvard Business School Press, Brighton, MA. 阿部孝太郎・田畑暁生訳『知識の源泉—イノベーションの構築と持続』ダイヤモンド社, 2001年。
Leonard, D. and Swap, C. W. (2005), *Deep Smarts: How to Cultivate and Transfer Enduring Business Wisdom*, Harvard Business Review Press, Brighton, MA.
Lin, N. (1999), "Social Networks and Status Attainment", *Annual Review of Sociology*, Vol.25, pp.467-487.
Lin, N. (2001), *Social Capital-A Theory of Social Structure and Action*, Cambridge University Press,

New York, NY. 筒井淳也・石田光規・桜井政成・三輪哲・土岐智賀子訳『Social Capital 社会構造と行為の理論』ミネルヴァ書房, 2008年。

Lovelock, C. (1988), *Managing Service: Marketing, operations and human resources*, Englewood Cliffs, Prentice Hall, New York, NY.

Lovelock, C. and Wirtz, J. (2011), *Service Marketing-People, Technology, Strategy*, Seventh Edition, Pearson, London, England.

Lovelock C. and Wright, L. K. (1999), *Principle of Service marketing and Management*, Prentice Hall, New York, NY. 小宮路雅博監訳・高畑泰・藤井大拙訳『サービス・マーケティング原理』白桃書房, 2002年。

Lovelock, C. H. and Yip, G. S. (1996), "Developing Global Strategies for Service Businesses", *California Management Review*, Vol.38. No.2, pp.64-86.

Maister, D. H. (1993), *Managing the Professional Service Firm*, Free Press Paper Backs, New York, NY. 高橋俊介監訳・博報堂マイスター研究会訳『プロフェッショナル・サービス・ファーム』東洋経済新報社, 2002年。

McCarthy, E. J. (1960), *Basic Marketing: A Managerial Approach*, Irwin Professional Publishing, Burr Ridge, IL.

March, G. J. (1991), "Exploration and Exploitation in Organizational Learning", *Organization Science*, Vol.2, No.1, pp.71-87.

Menon, A. and Vardrajan, P. B. (1992), "A model of Marketing Knowledge Use Within Firm", *Journal of Marketing*, Vol.56, No.4, pp.53-71.

Milgram, S. (1967), "The Small-world Problem", *Psychology Today*, Vol.1, pp.60-67.

Mintzberg, H. and McHughm, A. (1985), "Strategy Formation in an Adhocracy", *Administrative Science Quarterly*, Vol.30, No.2, pp.160-197.

Mintzberg, H. (1987), "Crafting strategy", Harvard Business Review, pp.66-75.

Moeran, B. (1996), *A Japanese Advertising Agency-An Anthropology of Media and Markets*, University of Hawaii Press, Honolulu, HI.

Nonaka, I. (1991), "The Knowledge-Creating Company", *Harvard Business Review*, November-December, pp.96-104.

Nonaka, I. (1994), "A Dynamic Theory of Organizational Knowledge Creation", *Organization Science*, Vol.5, No.1, pp.14-37.

Nonaka, I., Byosiere, P., Borucki, C. C. and Konno, N. (1994), "Organizational Knowledge Creation Theory: A First Comprehensive Test", *International Business Review*, Vol.3, No.4, pp.337-351.

Nonaka, I. and Konno, N. (1998), "The Concept of "Ba" Building a Foundation For Knowledge Creation", *California Management Review*, Vol.40, No.3, pp.40-50.

Nonaka, I. and Takeuchi, H. (1995), *The Knowledge-Creating Company: How Japanese Companies Create the Dynamics of Innovation*, Oxford University Press, Oxford, England. 梅本勝博訳『知識創造企業』東洋経済新報社, 1996年。

Nonaka, I. and Toyama, R., (2003), "The Knowledge-Creating Theory Revisited: Knowledge Creation as a Synthesizing Process", *Knowledge Management Research & Practice*, pp.2-10.

Nonaka, I., Toyama, R. and Konno, N. (2000), "SECI, Ba and Leadership, a Unified Model of Dynamic Knowledge Creation", *Long Range Planning*, Vol.33, No.1, pp.1-31.

Nonaka, I., Toyama, R. and Nagata, A. (2000), "A Firm as a Knowledge Creating Entity: a New Perspective on the Theory of Firm", *Industrial and Corporate Change*, Vol.9, No.1, pp.1-20.

Nonaka, I. and Von Krogh, G. (2009), "Tacit Knowledge and Conversion: Controversy and

Advancement in Organizational Knowledge Creation Theory", *Organization Science*, Vol.20, No.3, pp.635-652.
Osterwalder, A. and Pingneur, Y. (2010), *Business Model Generation*, John Wiley and Sons, Inc., Hoboken, NJ.
Polanyi, M. (1974), *Personal Knowledge: Towards a Post-Critical Philosophy*, The University of Chicago Press, Chicago, IL. 長尾史郎訳『個人的知識―脱批判哲学を目指して』生産性出版, 1985年。
Polanyi, M. (1983), *The Tacit Dimension*, Peter Smith Gloucester, Gloucester, MA. 高橋勇夫訳『暗黙知の次元』筑摩書房, 2003年。
Scott, D. M. (2012), *Real Time Marketing & PR: How to Instantly Engage Your Market, Connect with Customers, and Create Products that Grow Your Business Now*, John Wiley and Sons Inc. Hoboken, NJ. 有賀裕子訳『リアルタイムマーケティング―生き残る企業の即断・即決戦略』日経BP社, 2012年。
Simon, H. A. (1976), *Administrative Behavior. A Study of Decision-Making Processes in Administrative Organization*, 4th Edition, The Free Press, Collier Macmillan Publishers, New York, NY. 松田武彦訳『経営行動―経営組織における意志決定プロセスの研究』ダイヤモンド社, 1989年。
Smith, J. O. and Powell, W.W. (2004), "Knowledge Network as Channels and Conduits: The Effects of Spillovers in the Boston Biotechnology Community", *Organization Science*, Vol.15, No.1, pp.5-21.
Smith, N. D. (2002), "Generic Knowledge", *American Philosophical Quarterly*, Vol.39, No.4, pp.343-357.
Soda, G., Usai, A. and Zaheer, A. (2004), "Network Memory: The Influence of Past and Current Networks on Performance", *Accademy of Management Journal*, Vol.47, No.6 pp.893-906.
Stark, D. and Vedres, B. (2006), "Social Times of Network Spaces: Network Sequences and Foreign Investment In Hungary", *American Journal of Sociology*, Vol.111, pp.1367-1411.
Suzulanski, G. (2000), "The process of Knowledge Transfer: A diachronic Analysis of Stickiness", *Organizational Behavior and Human Decision Processes*, Vol.82, No.1, May, pp.9-27.
Sveiby, K. E. (2001), "A Knowledge-Based Theory of the Firm to Guide in Strategy Formation", *Journal of Intellectual Capital*, pp.344-357.
Sydow, J., Lindkvist, L. and Defillippi, R. (2004), "Project-Based Organizations, Embeddedness and Repositories of Knowledge: Editorial", *Organization Sturdies*, Vol.25, pp.475-1489.
Takeuchi, H. and Nonaka, I. (1986), "The New Product Development Game", Harvard Business Review, Vol.64, No.1, pp.137-146.
Teece, D. J. (2011), *Dynamic Capabilities and Strategic Management*, Oxford University Press, Oxford, England. 谷口和弘・蜂巣旭・川西章弘・ステラ・S・チェン訳『ダイナミック・ケイパビリティ戦略』ダイヤモンド社, 2013年。
Tell, F., Berggren, C., Brusoni, S. and Van De Ven, A. (2017), *Managing Knowledge Integration Across Boundaries*, Oxford University Press, Oxford, United Kingdom.
Terpstra. V. and Yu. C. M. (1998), "Determinants of foreign investment of U.S. Advertising Agency", *Journal of International Business Studies*, Vol.19, No.1, pp.83-92.
Turner, J. R. and Muller, R. (2003), "On the Nature of the Project as a Temporary Organization", *International Journal of Project Management*, Vol.21, pp.1-8.
UNCTAD (2010), Creative Economy Reports 2010-The Challenge of Assessing the Creative

Economy: towards Informed Policy-making," http://unctad.org/en/docs/ditc20082cer_en.pdf (2016年12月27日アクセス), 国連貿易開発会議 (UNCTAD) 著明石芳彦・中本悟・小長谷一之・久末弥生訳『クリエイティブ経済』ナカニシヤ出版, 2014年。

Uzii, B. and Spiro, J. (2005), "Collaboration and Creativity; The Small World Problem", *American Journal of Sociology*, Vol.111, No.2, pp.447-504.

Von Krogh, G., Ichijo, K. and Nonaka, I. (2000), *Enabling Knowledge Creation how to Unlock the Mystery of Tacit Knowledge and Release the Power of Innovation*, Oxford University Press, Oxford, United Kingdom. フォン クロー ゲオルク・一條和生・野中郁次郎訳『ナレッジ・イネーブリング—知識創造企業への五つの実践』東洋経済新報社, 2001年。

Wasserman, S. and Frost, K. (1994), *Social Network Analysis; Methods and Applications*, Cambridge University Press, New York. NY.

Watts, D. J. (2003), *Six Degrees-The Science of a Connected Age*, W.W. Norton and Company, New York, NY. 辻竜平・友部正樹訳『スモールワールド・ネットワーク—世界を知るための新科学的思考法』阪急コミュニケーションズ, 2004年。

Watts, D. J. and Strogatz, S. H. (1998), "Collective Dynamics of Small-World Networks", *Nature*, Vol.393, pp.440-442.

Weinstein, A. K., (1977), "Foreign Investments by Service Firms: The Case of Multinational Advertising Agencies", *Journal of International Business Studies*, Vol.8, No.1, pp.83-91.

Wagner, R and Sternberg, J. R., (1987), "Tacit Knowledge in Managerial Success", *Journal of Business and Psychology*, Vol.1, No.4, pp.301-312.

Wenger, E. (1998), Communities *of Practice-Learning, Meaning and Identity*, Cambridge University Press, New York. NY.

Wenger, E., McDermott, A. R. and Snyder, W. (2002), *Cultivating Communities of Practice: A Guide to Managing Knowledge*, Harvard Business School Press, Brighton, MA. 櫻井祐子訳『コミュニティ・オブ・プラクティス—ナレッジ社会の新たな知識形態の実践』翔泳社, 2002年。

Wenger, E. and Snyder, W. (2000), "Communities of Practice: The Organizational Frontier", *Harvard Business Review*, pp.139-145.

Williamson, O. E. (1975), *Market and Hierarchies*, The Free Press, A Division of Macmillan Publishing Co., Inc. New York, NY. 浅沼万里・岩崎晃訳『市場と企業組織』日本評論社, 1980年。

Wineburg, S. (1998), "Reading Abraham Lincol: An Expertise/Novice Study in the Inter Pretation of Historical Texts", *Cognitive Science*, Vol.22, pp.319-46.

Yamaguchi, K. (1980), "A mathematical model of friendship choice distribution", *Journal of Mathematical Sociology*, Vol.7, pp.261-287.

Yip, G. S. (1992), T*otal Global Strategy: Marketing for World Competitive Advantage*, Prentice Hall, Inc., Upper Saddle River, NJ. pp.144-146. 浅野徹訳『グローバル・マネジメント』ジャパン・タイムス, 1995年。

Zeitz, C. M. (1994), "Expert-Novice Differences in Memory, Abstraction, and Reasoning in the Domain of Literture", *Cognition and Instruction*, Vol.12, pp.122-312.

(日本語文献)
浅川和宏 (2011)『グローバルR&Dマネジメント』慶応大学出版会。
アサツー ディ・ケイ 社史編纂委員会 (2007)『ADK50年史』株式会社アサツー ディ・ケイ発行。
安保哲夫編著 (1994)『日本的経営・生産システムとアメリカ』ミネルヴァ書房。

安保哲夫・板垣博・上山邦雄・河村哲二・公文溥(1991)『アメリカに生きる日本的生産システム』東洋経済新報社．
今井賢一・金子郁容(1988)『ネットワーク論』岩波書店．
今口忠政(2005)「プロジェクト型組織のマネジメント」『国際P2M学会記念論文集』創刊号，63-67ページ．
石井淳蔵(2009)『ビジネス・インサイト―創造の知とは何か』岩波新書．
今井雅和(2010)「広告会社のアジア戦略と知識移転」『産業研究』，高崎経済大学附属産業研究所，45(2)（通号73），29-33ページ．
井上寛(2005)「社会ネットワークの変動」佐藤嘉倫・平松闊編著(2005)『ネットワーク・ダイナミクス―社会的ネットワークと合理的選択』157-178ページ．勁草書房．
牛丸元(2014)「高信頼組織のネットワーク分析―東電テレビ会議にみる危機対応に関する分析」『明治大学社会科学研究所紀要』第52巻第2号，169-185ページ．
江夏健一・大東和武司・藤沢武史編(2008)『サービス産業の国際展開』中央経済社．
大東和武司・Kayama, J. A. (2008)「プロフェッショナル・サービスの国際展開―知財機動集約型多国籍組織のMDP戦略―」江夏健一・大東和武司・藤沢武史編『サービス産業の国際展開』中央経済社，第6章，127-157ページ．
郝燕書(1999)『中国の経済発展と日本的生産システム―テレビ産業における技術移転と形成』ミネルヴァ書房．
金井嘉広・楠見孝編(2012)『実践知―エキスパートの知性』有斐閣．
金綱基志(2009)『暗黙知の移転と多国籍企業』立教大学出版会．
金光淳(2003)『社会ネットワーク分析の基礎―社会的関係資本論にむけて』勁草書房．
神吉直人・山田仁一郎・山下勝(2009)「映画製作者ネットワークの検討―組織ネットワークの分析の可能性を探る：理論的展開と経営行動への応用」『経営行動科学』第22巻第2号，168-175ページ．
唐沢龍也(2014)「日系広告会社の国境を越える知識移転プロセスの実態―中国拠点におけるオペレーション事例を中心に―」『明治大学社会科学研究所紀要』第52巻，第2号，261-279ページ．
唐沢龍也(2016)「プロジェクト組織における広告会社の役割―ミラノ・サローネ出展プロジェクトのネットワーク分析を中心に―」『広告科学』第63集，1-15ページ．
唐沢龍也(2017a)「専門的サービス企業である広告会社における知識の類型化」『経営学研究論集』明治大学大学院経営学研究科，第46号，85-104ページ．
唐沢龍也(2017b)「国際見本市出展プロジェクトにおける知識の共有と活用プロセス」『経営論集』明治大学経営学部，第64巻，101-121ページ．
唐沢龍也(2017c)「ミラノ・サローネ出展プロジェクト組織における連続的知識創造」『明治大学社会科学研究所紀要』第55巻，第2号，147-165ページ．
川端庸子(2006)「小売業における知識移転プロセス」『阪南論集 社会科学編』29-39ページ．
楠見孝(1995)「ホワイトカラー管理職の実践的知能の構造」『日本心理学会第59回大会発表論集』．
楠見孝(1999)「中間管理職のスキル，知識とその学習」『日本労働雑誌（日本労働研究機構）』474号，39-49ページ．
楠見孝(2001)「中間管理職における経験からの学習能力を支える態度の構造」『ホワイトカラーの管理技能を探る（その2）』日本労働研究機構資料シリーズ，110号，15-28ページ．
楠見孝(2009a)「暗黙知―経験による知恵とは何か」小口孝司・楠見孝・今井芳明編『仕事のスキル―自分を活かし，職場をかえる』北大路書房．
黄リン(2003)『新興市場戦略論―グローバルネットワークとマーケティングイノベーション―』千倉書房．

児玉充（2010）『バウンダリーチーム・イノベーション』翔泳社。
斎藤朗宏（2012）「日本におけるテキストマイニングの応用」『北九州大学，Working Paper Series』北九州市立大学経済学会，No.2011-12。
佐藤嘉倫・平松闊編著（2005）『ネットワーク・ダイナミクス―社会的ネットワークと合理的選択』勁草書房。
田中洋（2011）「マーケティング・コミュニケーション組織」岸志津江・田中洋・嶋村和恵著『現代広告論』，第3章，61-90ページ。
寺本義也・中西晶・土谷茂久・竹田昌光・秋澤光（1993）『学習する組織』同文館。
土井一生（2008）「サービス企業の国際化」江夏健一・大東和武司・藤沢武史編『サービス産業の国際展開』中央経済社，第1章，1-17ページ。
西井進剛（2013）『知識集約型企業のグローバル戦略とビジネスモデル―経営コンサルティング・ファームの生成・発展・進化―』同友館。
日本広告業協会教育セミナー委員会編（2016）『広告ビジネス入門第21版』日本広告業協会。
野中郁次郎（1985a）「経営学の理論構築に向かって」『一橋論叢』第93巻第4号，423-437ページ。
野中郁次郎（1985b）『企業進化論』日本経済新聞社。
野中郁次郎（1986）「組織秩序の解体と創造；自己組織化パラダイムの提言」『組織科学』Vol.20, No.1, 2-20ページ。
野中郁次郎（1987）「経営戦略の本質：情報創造の方法論の組織化」『組織科学』Vol.20, No.1, 55-68ページ。
野中郁次郎（1988）「日本的『知』の方法と生産システム」『組織科学』Vol.22, No.1, 21-29ページ。
野中郁次郎（1989）「情報と知識創造の組織論：イノベーションの組織化過程」『組織科学』Vol.22, No.4, 2-14ページ。
野中郁次郎（1989）「知識創造経営への提言：効率性追求主義からの視点転換」『DAIAMOND ハーバード・ビジネス』第14巻，第2号，4-13ページ。
野中郁次郎（1989）「創造性の方法論（1）花王のマネジメント：漢方の思想を組織に活かす」『DAIAMOND ハーバード・ビジネス』第14巻，第3号，4-10ページ。
野中郁次郎（1989）「創造性の方法論（2）日本電気のシステムズ・マネジメント：研究開発を支える群の創造思想」『DAIAMOND ハーバード・ビジネス』第14巻，第4号，4-10ページ。
野中郁次郎（1989）「創造性の方法論（3）大陽工業の分社戦略：創業生成企業」『DAIAMOND ハーバード・ビジネス』第14巻，第5号，4-12ページ。
野中郁次郎（1989）「創造性の方法論（4）シャープのデザイン・マネジメント：意味を可視化するネットワーク組織」『DAIAMOND ハーバード・ビジネス』第14巻，第6号，4-10ページ。
野中郁次郎（1990）『知識創造の経営』日本経済新聞社。
野中郁次郎・荻野進介（2014）『史上最大の決断「ノルマンディー上陸作戦」を成功に導いた賢慮のリーダーシップ』ダイヤモンド社。
野中郁次郎・奥村昭博（1987）「企業活動のグローバル化にどう対応するか（シンポジウム：多国籍企業の人的資源のマネジメント）」『DAIAMOND ハーバード・ビジネス』第12巻，第5号，55-68ページ。
野中郁次郎・紺野登・川村尚也（1990）「組織的『知の創造』の方法論」『組織科学』，2-10ページ。
紺野登・野中郁次郎（1995）『知力経営―ダイナミックな競争力を創る』日本経済新聞社。
野中郁次郎・紺野登（1999）『知識経営のすすめ―ナレッジ・マネジメントとその時代―』筑摩書房。
野中郁次郎・紺野登（2003）『知識創造の方法論』東洋経済新報社。
野中郁次郎・紺野登（2012）『知識創造経営のプリンシプル―賢慮資本主義の実践論』東洋経済新報社。

野中郁次郎・竹内弘高（1996）『知識創造企業』東洋経済新報社．
野中郁次郎・綱倉久永（1988）「企業はいかにして新たな視点を獲得しうるか：企業の自己革新の本質は情報の創造とその現実に」『DAIAMOND ハーバード・ビジネス』第13巻，第1号，43-51ページ．
野中郁次郎・遠山亮子・紺野登（1999）「『知識創造企業』再訪問」『組織科学』Vol.38, No.1, 35-47ページ．
野中郁次郎・遠山亮子・平田透（2010）『流れを経営する―持続的イノベーション企業の動態理論』東洋経済新報社．
野中郁次郎・徳岡晃一郎（2012）『ビジネス・モデル・イノベーション―知を価値に変換する賢慮の戦略論』東洋経済新報社．
野中郁次郎・山田英夫（1986）「企業の自己革新プロセスのマネジメント：組織内に"ゆらぎ"と"引き込み"をいかに巻き起こすか」『DAIAMOND ハーバード・ビジネス』第11巻，第2号，77-86ページ．
洞口治夫（2009）『集合知の経営―日本企業の知識管理戦略』文眞堂．
安富歩（2010）『経済学への船出―創発の海へ』NTT出版．
山下裕子・福富言・福地宏之・上原渉・佐々木将人著（2012）『日本企業のマーケティング力』有斐閣．
矢作敏行（2003）『小売国際化プロセス―理論とケースで考える』有斐閣．
矢作敏行（2006）「ウォルマート―西友の知識移転プロセス」『経営志林』，第43巻2号，49-72ページ．
安田雪（1997）『ネットワーク分析』新曜社．
安田雪（2001）『実践ネットワーク分析―関係を解く理論と技法』新曜社．
安田雪・鳥山正博（2007）「電子メールログからの企業内コミュニケーション構造の抽出」『組織科学』Vol.40No.3, 18-32ページ．
吉原英樹（2002）『国際経営論への招待』有斐閣．
若林直樹（2009a）『ネットワーク組織―社会ネットワーク論からの新たな組織像』有斐閣．
若林直樹・山下勝・山田仁一郎・中本龍一・中里裕美（2009b）「日本映画製作提携における凝縮的な企業間ネットワークと興行業績―2000年代の製作委員会のネットワーク分析」『京都大学大学院経済学研究科ワーキング・ペーパー』No.J-70, 1-23ページ．

（その他資料）

アサツー ディ・ケイ ウエブサイト，「決算短信（平成24年12月期）」，https://www.adk.jp/wp/wp-content/uploads/2012/12/20120214_3J.pdf，（2012年7月23日アクセス）．
アサツー ディ・ケイ ウエブサイト，「決算短信（平成27年12月期）」，https://www.adk.jp/wp/wp-content/uploads/2016/02/c3f2a63945013f8d1d86bd8afdeb434e.pdf，（2016年7月31日アクセス）．
経済産業省ウエブサイト，http://www.meti.go.jp/policy/servicepolicy，（2016年12月6日アクセス）．
経済産業省ウエブサイト，『通商白書2015年』，http://www.meti.go.jp/report/tsuhaku2015/2015honbun_p/index.html，（2016年12月6日アクセス）．
公益財団法人日本デザイン振興会ウエブサイト「ミラノ・サローネ」https://www.jidp.or.jp/ja/2016/07/23/news20160723?query=tagNames%3DNEWS%26tagNames%3DREPORT，（2016年9月5日アクセス）
JETRO ウエブサイト，https://www.jetro.go.jp/j-messe/，（2016年3月31日アクセス）．

世界銀行ウエブサイト,http://data.worldbank.org/indicator/NV.SRV.TETC.ZS,(2016年12月7日アクセス)。

シチズン時計ウエブサイト,http://citizen.jp/event2016/milan/index.html(2016年9月5日アクセス)。

Zenith Optimedia ウエブサイト,Zenith Media Fact 2011, Advertising Expenditure. http://www.zenithoptimedia.com/zenithoptimedia-releases-new-ad-forecasts-global-advertising-continues-to-grow-despite-eurozone-fears/(2012年8月11日アクセス)。

総務省ウエブサイト,http://www.soumu.go.jp/toukei_toukatsu/index/seido/sangyo/H25index.htm/,(2016年12月6日アクセス)。

電通ウエブサイト,「決算短信(平成25年3月期)」,http://www.dentsu.co.jp,(2012年7月23日アクセス)。

電通ウエブサイト,「Aegis Group plc」,http://www.dentsu.co.jp/ir/,(2016年11月30日アクセス)。

内閣府ウエブサイト,http://www.esri.cao.go.jp/jp/sna/data/data_list/kakuhou/files/h26/sankou/pdf/seisan20151225.pdf,(2016年12月7日アクセス)。

『日本経済新聞』「広告大手,アジア開拓」2012年5月31日付け朝刊。

『日本経済新聞』「顧客のグローバル化追う」2012年7月13日付け朝刊。

日本ヒューレット・パッカード株式会社ウエブサイト,http://h50146.www5.hp.cominfo/hr/basic.html,(2013年8月14日アクセス)。

博報堂ウエブサイト「決算短信(平成25年3月期)」,http://www.hakuhodody-holdings.co.jp,(2012年7月23日アクセス)。

三菱総研倶楽部ウエブサイト,「野中郁次郎 私と経営学(最終回)私の履歴書・バークレーからの歩み」,http://www.mri.co.jp/NEWS/magazine/club/06/_icsFiles/afieldfile/2009/05/27/p18-21.pdf,(2014年7月30日アクセス)。

索　引

欧文

ADK　4, 9, 11, 65, 67, 84, 86-88, 95-96, 102-103, 136, 167
B to B　150
　　——（企業間取引）　116, 159
　　——（企業対企業）　160
B to C　150
　　——（企業対消費者）　160
EX-ブランディング　33
FUORI SALONE　135, 143
　　——（フォーリ・サローネ）　120
GDP（国民総生産）　12
GTA（グラウンデッド・セオリー・アプローチ）　168
Jaccard係数　124
KH Coder　78-79, 124, 128, 140
Know How（どのように知っているか）　28
Know What（何を知っているか）　28
Knowledge Creating Company　37
M&A　164
　　——戦略　6
MWC　101-103, 109, 112, 115-116, 152-154, 158, 160
NIH（Not Invented Here）症候群　33
NodeXL　105, 123, 125
SECIプロセス　36-37, 39, 49, 62
　　——モデル　9
SNS　135, 141, 145, 154
　　——（ソーシャル・ネットワーク）　79, 152
TSUBAKI　87-94, 96

和文

【ア行】

アカウント・エグゼクティブ　69-70, 77
　　——制度　5
アカウント・スーパーバイザー　69

アカウント・プラニング　58
　　——部門　23-24, 66, 72-73, 76-77, 79, 152-153
アサツーディ・ケイ（ADK）　33, 121
旭通信社　87
暗黙知　6, 9, 26-29, 35-38, 40, 49, 60, 70, 89-91, 94, 119, 133, 139-140, 142, 144, 146-147, 156, 157
イージスグループ（Aegis Group plc）　3
移動型知識　43, 53
インスタレーション　144
営業担当者（Account Executive）　23
営業担当責任者（Account Supervisor）　23
営業部門　23, 66, 69-70, 75-77, 79, 152-154
おもてなしの心　89-90, 94

【カ行】

海外売上高　3-4
開放型ネットワーク　44
開放型のネットワーク　61
活用型学習　54-55, 117
期間限定（テンポラリー）性　134
　　——性（テンポラリー性）　100
企業間取引（B to B）　9
企業対消費者（B to C）　11
企業らしさ　89
共起関係　79-80, 128-130
凝集性　105, 108, 113-115, 118, 132, 159, 161, 163, 166-167
凝集的紐帯　54
共同化　26, 40
協同関係　146
協同的知識　49
　　——資本　61-62
近接中心性　54-55, 62, 105-107, 109, 111-114, 159-160, 163
クライアント・サービス　23, 58
クラスター係数　54-55, 105, 114-115

―――（Clustering Coefficient） 157
クリエイティブ経済 14
クリエイティブ・サービス 15, 23, 58
クリエイティブ産業 14, 15
クリエイティブ制作部門 23, 66, 71-72, 75-76, 79, 152-153
グローバル化 1-6, 14, 25, 65, 99, 164, 166
―――戦略 168
グローバル・ブランディング 121, 160
グローバル・プロモーション戦略 5
クロスボーダー M&A 84
経営コンサルティング 65
経験価値マーケティング（Experiential Marketing） 33
形式知 9, 26-29, 36-37, 40, 49, 60, 70, 90-91, 94, 119, 133, 139-140, 142, 144, 146-147, 157
形態素解析 111, 124, 130-131, 138
経路長 115
現地適合化（Local Adaptation） 63
コア・ケイパビリティ 50
コア事業 18
高クラスター係数 161
広告会社 19, 57, 69, 78, 81, 83, 98
広告主 5-7, 9, 17, 19, 21-25, 57-58, 62, 66, 68-69, 79, 81, 83-84, 98, 151-153, 156
顧客開発型 87
顧客追随型 87, 89
―――（Client Following） 17
国際移転 3, 5, 7-9, 18, 25, 60, 62, 100, 152, 166
国際化 1-3, 6, 164
―――プロセス 18
国際競争力 3
国際知識移転 7-9, 29-32, 41-42, 59-60, 84, 157-158, 169
国際的見本市 146, 153-154
国際マーケティング 153
国際見本市 74, 100, 102, 115-116, 118, 133, 148, 151, 154, 159-160, 165, 167
―――MWC 9
―――出展プロジェクト 114
国連貿易開発会議（UNCTAD） 14-15
コモン・ナレッジ 28
コンテンジェンシー理論 34
―――（環境適応理論） 33

【サ行】

サービス・エンカウンター（Service Encounters） 21
サービス業 1-3
サービス行為 19-22, 24, 65, 69, 71-72, 81, 83
サービス産業 3, 12-13, 20
サービス・プロセス 20
再創造 7
支援型サービス 22, 58, 81, 83, 150
自己組織化（セルフ・オーガニゼーション） 34
市場探索型（Market Seeking） 17
次数中心性 54
資生堂 86-90, 92-93, 95-96, 98
シチズン時計 121, 129, 132, 135-136, 143-144
―――株式会社 120
実践共同体（Communities of Practice） 38-39
実践知 26, 28-29, 65-66
シニア 20, 66, 69, 71-74, 76-77, 81, 166
社会的関係資本（Social Capital） 9, 44, 47-51, 55, 118, 165
社会的連帯 48
社会ネットワーク 2, 6, 8-9, 11, 47-49, 51-53, 55, 60-62, 102, 114, 133, 150, 154, 157-165, 167-168
―――分析 7, 51, 56, 101, 103, 105, 118, 120, 131, 168
出展コンセプト 141-142, 147
出展プロジェクト 103, 112, 165
―――組織 146
ジュニア 20, 66, 70, 72-77, 81, 166
情報創造 34
情報中心性 54-55
助言型サービス 22, 58, 81-83, 150
深化（Exploitation） 53
人的資源管理 99, 166
スペシャリスト型 77
スモールワールド 53, 55, 114
―――・ネットワーク 54, 108, 126-128, 132, 157, 159-161, 163, 167
生産性資産 150
セールス・プロモーション 58
―――（SP）部門 23, 66, 73-76, 79

セールス・プロモーション部門　152, 154
世界経済のサービス化　3, 12
専門的サービス　19
　──企業　2, 7-8, 13, 17-20, 22, 57-59, 65-66, 150, 157-167
　──業　8-9, 58, 62, 65-66, 69, 78, 98, 150, 164-166
　──業の知識移転プロセス　99
専門的知識　1, 3, 6-9, 11, 18-19, 24, 58, 62-63, 65-67, 69-71, 74-75, 79, 81, 98, 108, 111, 117, 119, 121, 132, 137, 150, 154, 157, 159, 163-164, 167
戦略的アライアンス　53
ソーシャル・ネットワークサービス（SNS）　1
ソーシャルメディア　51
ソシオマトリックス　104, 123, 141
組織的知識創造　33-35, 39-40, 157, 168-169
　──理論　9, 34, 36-37, 40, 49-50, 62
ソフト・サービス・ファーム　17

【タ行】

代理性（エージェント性）　100
短経路長　161
探索（Exploration）　53
知識移転　8, 20
　──プロセス　29-31, 60, 87, 93, 98, 165
知識開発型　30, 91, 96, 98
知識活用型　30, 91, 96
知識吸収能力モデル　30
知識資本　49
知識集約型　19
　──企業　8, 27, 58, 164, 168
知識創造　6-9, 33-35, 161
　──（再創造）　158
　──経営　40
　──モデル　26
　──理論　34
知識体系　156
　──（Body of Knowledge）　40-41, 58, 63, 155
知識仲介者　8, 20, 57-58
　──（Knowledge Broker）　8, 20, 22, 57-58, 151, 161, 164
知識特性　18

知識の再創造　25, 134
知識のパッケージ化　42
知識の連鎖（Knowledge Link）　61
知識パッケージ　141
知識変換　26
知識リソース　157, 162
適応　87, 92, 94-99, 134, 140, 144, 146-147, 159, 161-163, 167-168
　──（現地に合わせて修正）　6, 158, 161
　──（現地の環境条件に合わせて修正する）　29
テキストマイニング　63, 78, 101, 105, 109-111, 118, 120, 123-124, 128, 130-131, 135, 138, 140, 165, 168
　──分析　78
適用　87, 90, 92, 94, 96-97, 99, 134, 140, 146-147, 159, 161-163, 167
　──（最大限に持ち込みたい）　29
　──（そのまま移転）　158, 161
　──（そのまま活用）　6
　──・適応モデル　29
デジタル・インタラクティブ部門　24
デジタル化　24-25
デジタルマーケティング　65, 72, 75, 79, 152
電通　3, 32, 67, 84-85, 167
　──アジアネットワーク大学　32, 85
　──イージス・ネットワーク社　4, 6
トップダウン・マネジメント　35
トリエンナーレ美術館　120

【ナ行】

内面化　26
ナレッジ・マネジメント　33, 37, 47, 167
日系広告会社　3
ネットワーク　119
　──・ダイナミクス　9, 52, 62, 165
　──中心性　54
　──分析　121-124
ノード　52, 103-108, 111, 114, 119, 121-122, 125, 130

【ハ行】

場　163
　──（Ba）　6, 36-38, 40, 49, 62, 133

ハード・サービス・ファーム　17
媒介中心性　54-55, 62, 124-126, 128-129, 137, 160-163
媒体部門　23, 66, 70-71, 75-76, 79, 152
博報堂　33
　　　——DY　167
　　　——DYグループ　67, 84
　　　——DYホールディングス　4
　　　——大学（日本）　33, 85
反復的紐帯数　54, 146
汎用的知識（Generic Knowledge）　80-83, 151, 155-156
非言語的知識　28
非コア事業　18
ビッグデータ　24
非マニュアル型知識　59
表出化　26, 40
頻出単語　124
フェーズ　101-103, 106-108, 122-124, 128, 140, 158-160, 168-169
部門別知識（Domain-Specific Knowledge）　81-83, 151-152, 155-156
プレゼンテーション　23
プロジェクト　100-102, 118
　　　——組織　7-9, 11, 62, 119-121, 126, 128, 131, 133-134, 137, 141, 146, 148, 153, 161-162, 164-169
　　　——・マネジメント　8
プロフェッショナル　19-20
　　　——・サービス組織　19, 150
平均クラスター係数　108, 115, 126-127
平均経路長　54-55, 105, 108, 114-115, 126-127
　　　——（Path Length）　157
閉鎖型ネットワーク　44
閉鎖型のネットワーク　61
ベスト・プラクティス　88, 93
ベストプラクティス　92, 133, 158
ボトムアップ・マネジメント　35
ボナチッチ中心性　54-55

【マ行】

マーケティング3.0　1-2, 59
マーケティング・サービス　23, 58
マーケティング・ミックス（4P）　1
マニュアル型知識　59
マネジメント型　77
マルチ・クライアント制度　5
ミドル　20, 66, 69-71, 73-77, 81, 166
　　　——・アップダウン・マネジメント　35
　　　——・マネジメント　34
ミラノ・サローネ　120-121, 129, 133-135, 145, 152-154, 160-163
　　　——出展プロジェクト組織　136
無形資産　3, 7, 84, 98, 150, 166
無向グラフ　123-124

【ヤ行】

有向グラフ　141
弱い紐帯　44, 47, 61, 132

【ラ行】

ランプアップ効果　30, 95
連結化　26
連絡（Traffic）　23

著者紹介

唐沢　龍也（からさわ　たつや）

1964 年	大阪府茨木市生まれ
1987 年	早稲田大学第一文学部卒業
1987 年	株式会社旭通信社（現・アサツー ディ・ケイ（ADK））入社
1999 年	ADK フランス（パリ）駐在
2011 年	早稲田大学大学院商学研究科ビジネス専攻修了
	経営管理修士（MBA）
2016 年	アサツー ディ・ケイ（ADK）を退社
2017 年	明治大学大学院経営学研究科博士後期課程修了
	博士（経営学）
現在	関東学院大学経営学部専任講師（国際マーケティング担当）
	ベトナム　ハノイ貿易大学（VJCC-FTU）（ビジネスプランⅠ担当）

広告会社の国際知識移転と再創造

2019 年 2 月 17 日　第 1 版第 1 刷発行　　　　　　　　検印省略

著　者　唐　沢　龍　也

発行者　前　野　　　隆

発行所　株式会社 文　眞　堂

東京都新宿区早稲田鶴巻町 533
電　話　03（3202）8480
FAX　03（3203）2638
http://www.bunshin-do.co.jp
郵便番号 162-0041　振替00120-2-96437

製作・モリモト印刷
©2019
定価はカバー裏に表示してあります
ISBN978-4-8309-5018-6 C3034